广东省中小学"百千万人才培养工程"
初中理科名教师培养项目丛书

丛书总主编：于 慧 李晓娟

中小学教师
数字素养提升研究

叶均杰 著

暨南大学出版社
JINAN UNIVERSITY PRESS

中国·广州

图书在版编目（CIP）数据

中小学教师数字素养提升研究/叶均杰著．—广州：暨南大学出版社，2024.11

（广东省中小学"百千万人才培养工程"初中理科名教师培养项目丛书/于慧，李晓娟总主编）

ISBN 978 - 7 - 5668 - 3946 - 6

Ⅰ．①中…　Ⅱ．①叶…　Ⅲ．①中小学—教师—信息素养—师资培养—研究　Ⅳ．①G635.12

中国国家版本馆 CIP 数据核字（2024）第 109567 号

中小学教师数字素养提升研究

ZHONG-XIAOXUE JIAOSHI SHUZI SUYANG TISHENG YANJIU

著　者：叶均杰

···

出 版 人：阳　翼
统　　筹：黄　球　潘江曼
责任编辑：黄　球　梁安儿
责任校对：刘舜怡　王雪琳
责任印制：周一丹　郑玉婷

出版发行：暨南大学出版社（511434）
电　　话：总编室（8620）31105261
　　　　　营销部（8620）37331682　37331689
传　　真：（8620）31105289（办公室）　37331684（营销部）
网　　址：http://www.jnupress.com
排　　版：广州良弓广告有限公司
印　　刷：广州市友盛彩印有限公司
开　　本：787mm×1092mm　1/16
印　　张：14.375
字　　数：265 千
版　　次：2024 年 11 月第 1 版
印　　次：2024 年 11 月第 1 次
定　　价：59.80 元

（暨大版图书如有印装质量问题，请与出版社总编室联系调换）

前　言

党的二十大报告指出：我们要坚持教育优先发展、科技自立自强、人才引领驱动，加快建设教育强国、科技强国、人才强国，坚持为党育人、为国育才，全面提高人才自主培养质量，着力造就拔尖创新人才，聚天下英才而用之。办好人民满意的教育。全面贯彻党的教育方针，落实立德树人根本任务，培养德智体美劳全面发展的社会主义建设者和接班人；加强师德师风建设，培养高素质教师队伍，弘扬尊师重教社会风尚；推进教育数字化，建设全民终身学习的学习型社会、学习型大国。

由中华人民共和国教育部和中国联合国教科文组织全国委员会共同主办的世界数字教育大会于2023年2月13日至14日在中国北京召开。会议以"数字变革与教育未来"为主题，重点探讨教育数字化转型、数字学习资源开发与应用、师生数字素养提升、教育数字化治理，以及基础教育、职业教育、高等教育等领域的数字化发展评估。

在数字化浪潮的推动下，教育领域正经历着前所未有的变革。《中小学教师数字素养提升研究》一书正是在这样的大背景下应运而生。本书旨在为中小学教师提供一个全面的数字素养提升框架和实践指南，帮助他们在数字化时代中更好地适应教育教学的新要求。

本书的特色在于其实用主义的定位和系统性的内容编排。它不仅涵盖了数字素养的理论基础，还提供了丰富的实践案例和操作技巧。书中的内容紧密结合当前教育信息化2.0的培训要求，针对中小学教师的技能水平和工作需求，提供了教学、办公、管理等方面的技能提升建议和网络平台工具的使用指导。

本书定位为一本面向中小学教师的数字素养提升教材。它不仅适用于教师的自我学习和提升，也适合作为教育技术培训的参考书籍。书中的内容旨在帮助教师深入理解数字技术在教育中的应用，并鼓励他们在教学实践中积极探索和应用。

在内容编排上，本书采用了由浅入深的结构设计。首先，介绍了教师数字素养的基本内容和框架；然后，逐步深入阐述数字化意识，数字技术知识与技能，文本信息的加工与处理，数据的获取与统计，图片、音视频获取与加工，演示文稿的高级应用，办公数字化综合应用，AIGC 技术在教学中的实践与应用等具体技能的培养和数字化应用技巧，每一章节都配有实用的操作指南和案例分析，以确保教师能够将理论知识转化为实践能力，还特别介绍了教师数字化应用方面的知识；最后，则从数字社会责任及教师专业发展的角度进行讨论，兼顾伦理道德。

本书的撰写经历了一个集思广益、反复打磨的过程。在编写过程中，作者广泛征求了教育专家、一线教师和教育技术工作者的意见和建议。通过对中小学教师的实际需求进行深入调研，确保了书中内容的针对性和实用性。此外，本书在成书前还经过了多轮的试用和修订，以期达到最佳的教育效果。

本书的编写得到了许多教育界同仁的支持和帮助，在此谨向所有参与本书编写、审校、试用和提供宝贵意见的专家表示衷心的感谢。

随着教育数字化的不断深入，我们相信本书能够为中小学教师的数字素养提升提供有力的支持，为推动我国教育事业的发展贡献一份力量。

叶均杰

2024 年 5 月

目　录
CONTENTS

第一章　教师数字素养概述

第一节　教师数字素养基本内容

一、教师数字素养的定义

教师数字素养是指教师适当利用数字技术获取、加工、使用、管理和评价数字信息和资源，发现、分析和解决教育教学问题，优化、创新和变革教育教学活动而具有的意识、能力和责任。这包括对数字技术的深入理解、有效应用以及在教育实践中的创新能力。

二、教师数字素养的框架

教师数字素养框架通常包括以下几个维度：

（1）数字化意识：对数字化相关活动的认识和理解，包括数字化认识、意愿和意志。

（2）数字技术知识与技能：了解常见数字技术的概念、基本原理，并掌握数字技术资源的应用技能。

（3）数字化应用：应用数字技术资源开展教育教学活动的能力，如数字化教学设计、教学实施、学业评价和协同育人。

（4）数字社会责任：在数字化活动中遵守法律法规和道德伦理规范，注重数字安全保护。

（5）专业发展：利用数字技术资源促进自身及共同体的专业发展，包括数字化学习与研修、教学研究与创新。

三、教师数字素养的具体内容

（1）数字化认识：理解数字技术在经济社会及教育发展中的价值，认识数字技术发展为教育教学带来的机遇与挑战。

（2）数字化意愿：对数字技术资源及其在教育教学中的应用持积极态度，愿意主动学习和使用这些资源。

（3）数字化意志：在面对教育数字化问题时，具有克服困难和解决问题的决心和信心。

（4）数字技术知识：掌握数字技术的概念和基本原理，了解当前和新兴的教育技术工具。

（5）数字技术技能：能够熟练使用数字技术资源，包括软件选择、信息检索、数据分析等。

（6）数字化教学设计：利用数字技术资源进行学习情况分析、教学活动设计和学习环境创设。

（7）数字化教学实施：应用数字技术资源支持教学活动组织与管理，优化教学流程。

（8）数字化学业评价：运用评价工具和数据分析模型进行学业评价，实现数据可视化。

（9）数字化协同育人：利用数字技术资源促进学校、家庭和社会的协同育人。

（10）法治道德规范：遵守与数字化活动相关的法律法规和道德伦理规范。

（11）数字安全保护：具备数据安全保护和网络安全防护的能力。

（12）数字化学习与研修：利用数字技术资源进行持续学习和教学实践的反思与改进。

（13）数字化教学研究与创新：开展数字化教学研究，创新教学模式与学习方式。

四、中小学教师数字素养水平情况

目前中小学教师的数字素养水平存在一定的差异，这些差异可能由多种因素造成，包括地区经济水平、学科特性、个人学习意愿和能力，以及学校和教育部门的支持等。

1．地区经济水平

在一些经济发达地区，教师通常有更多机会接受数字技能培训，使用先进的教育技术。例如，在某一线城市的中学，教师普遍能够熟练使用智能教室系统、在线教学平台和数据分析工具来辅助教学。相比之下，在一些经济欠发达或偏远地区，教师可能缺乏足够的资源和培训机会，数字素养水平可能较低。例如，某农村地区的小学教师可能还在使用传统的黑板教学，对于电子课件和在线资源的使用不够熟练。

2．学科特性

STAEM（科学、技术、艺术、工程和数学）领域的教师可能由于学科特性，会更频繁地接触和使用数字工具，因此数字素养相对较高。比如，一个物理老师能够利用虚拟现实（VR）技术来模拟物理实验，增强学生的体验。而文科类的教师可能更多地侧重于文本和内容的传授，使用数字工具的频率可能较低。

3．个人学习意愿和能力

一些教师可能由于个人兴趣或自我驱动，积极学习并将数字技术应用于教学中。例如，一位历史老师可能会通过社交媒体和在线论坛与学生互动，共享历史资料和讨论话题。另一些教师可能由于年龄较大、经验不足或对新技术的抗拒，数字素养提升较慢。

4．学校和教育部门的支持

有些学校和教育部门可能已经建立了完善的教师专业发展体系，包括定期的数字技能培训和教学资源共享平台。例如，某学校为教师提供了一个在线平台，教师可以在上面分享教学资源、讨论教学策略。而在缺乏这种支持的学校，教师数字素养的提升可能较为缓慢。

【案例说明】

案例一：在某沿海城市的一所中学，教师们通过学校的教师专业发展计划，接受了关于使用智能教学系统的培训。他们现在能够利用这个系统进行课堂互动、作业布置和在线评估，显著提高了教学效率。

案例二：在某西北部省份的乡村小学，由于资源有限，教师们很少有机会接触先进的数字教学工具。尽管如此，一些教师通过自学和利用网络资源，开始尝试制作简单的教学视频和使用在线教育资源，以丰富他们的教学内容。

五、提升教师数字素养的作用

1. 适应教育变革

数字技术正推动教育模式的变革，教师数字素养的提升有助于教师适应这一变革。

2. 提高教学质量

数字技术的应用可以丰富教学手段，提升教学互动性和学生的学习效果。

3. 促进学生发展

教师的数字素养有助于培养学生的创新能力和信息素养，为学生的全面发展奠定基础。

4. 实现个性化教学

数字技术使得个性化教学成为可能，教师可以根据学生的不同需求提供定制化的教学内容。

5. 终身学习

教师数字素养的提升有助于教师实现自身的终身学习和专业发展。

中小学教师应深入理解教师数字素养的各个方面，并将其融入日常的教学实践中，以适应数字化时代对教育教学的新要求。

六、提升中小学教师数字素养的必要性和重要性

在21世纪的信息时代，数字化已经渗透到社会的每一个角落，教育领域同样面临着前所未有的变革。中小学阶段是学生打好学习基础和形成世界观的关键时期，教师作为这一过程中的引导者和启蒙者，其数字素养的高低直接影响到教育质量和学生的发展。

1. 教育现代化的需求

随着教育现代化的推进，传统的教学模式已无法满足新时代人才培养的需求。教育信息化2.0的实施，要求教师不仅要掌握传统的教学方法，还要具备运用数字技术优化教学过程的能力。提升教师的数字素养，可以帮助他们更有效地利用数字资源和工具，促进教育教学的创新和发展。

2. 学生数字技能培养的基础

作为学生的引导者，教师的数字素养水平直接关系到学生数字技能的培

养。在数字化社会中，学生需要具备良好的信息获取、处理、分析和创新的能力。教师通过提升自身的数字素养，可以更好地指导学生，帮助他们建立正确的数字观念，培养必要的数字技能。

3. 适应全球化教育趋势

在全球化进程中，教育资源和教学方法的交流日益频繁。提升教师的数字素养，可以帮助他们更好地适应全球化教育趋势，吸收和借鉴国际上先进的教育理念和实践，提高教育教学的国际竞争力。

4. 促进教育公平

数字技术的运用有助于缩小城乡、区域之间的教育差距。提升教师的数字素养，可以使他们更有效地利用在线教育、远程教育等手段，为不同地区的学生提供更加公平的教育机会。

5. 应对未来教育挑战

未来社会对人才的需求将更加多元化和个性化。教育面临的挑战也更加复杂，包括如何培养学生的创新精神、批判性思维、合作能力等。教师提升数字素养，将有助于他们采用更加灵活多样的教学方法应对这些挑战，培养适应未来社会需求的人才。

6. 推动教育研究与创新

教师的数字素养提升，还能够推动教育研究与创新。利用大数据分析、人工智能等技术，教师可以更深入地研究教学规律、探索教育创新方法，为教育理论和实践的发展作出贡献。

综上所述，提升中小学教师的数字素养，不仅是适应教育现代化的必然选择，也是推动教育改革、提高教育质量、促进教育公平和培养未来人才的关键环节。教师数字素养的提升，将为教育的未来发展奠定坚实的基础。

第二节　提升教师数字素养的途径

数字化学习具有三个要素。一是数字化的学习环境，也就是所谓的信息技术学习环境。它经过数字化信息处理，具有信息显示多媒体化、信息传输网络化、信息处理智能化和教学环境虚拟化的特征。它包括设施、资源、平台、通信和工具。二是数字化学习资源。它是指经过数字化处理，可以在多媒体计算机上或网络环境下运行的多媒体材料，包括数字视频、数字音频、多媒体软件、CD-ROM（只读光盘）、网站、电子邮件、在线学习管理系统、计算机模拟、在线讨论、数据文件以及数据库等。数字化学习资源是数字化学习的关键，它可以通过教师开发、学生创作、市场购买以及网络下载等方式获取。数字化学习资源具有切合实际、即时可信、可用于多层次探究、可操纵处理，富有创造性等特点。三是数字化学习方式。利用数字化平台和数字化资源，教师和学生之间开展协商讨论、合作学习，并通过对资源的收集利用，以探究知识、发现知识、创造知识以及展示知识的方式进行学习，具体途径有资源利用、自主发现、协商合作和实践创造等。

一、营造数字化学习环境

营造数字化学习环境是一个系统工程，需要多方面的努力和协作。

（一）基础设施建设

完善硬件设备：确保学校或机构拥有足够的计算机、智能设备（如平板、智能手机）、交互式电子白板等硬件设备，并保障其良好运行。

搭建网络平台：建立稳定、高效的网络环境，包括无线网络覆盖、在线学习平台、教育资源库等，以便师生能够随时随地访问和学习。

（二）教育资源开发

整合优质资源：收集和整合来自全球各地的优质教育资源，包括课程视频、教学课件、习题库、案例库等，形成丰富多样的学习资源库。

创新资源开发：鼓励教师和学生参与教育资源的创作和分享，如制作微课、录制教学视频、开发互动课件等，以丰富学生资源并激发学生的兴趣。

（三）教学模式创新

混合式学习：结合线上和线下教学优势，采用混合式教学模式。线上提供丰富的学习资源和自主学习机会，线下则注重师生互动、实践操作和问题解决。

个性化教学：利用大数据和人工智能技术，分析学生的学习行为和成绩数据，为每个学生提供个性化的学习路径和内容推荐。

（四）技术支持与服务

提供技术支持：建立专业的技术支持团队，为师生提供及时的技术支持和解决方案，确保数字化学习环境的顺畅运行。

培训与服务：定期对教师进行数字化教学技能培训，提升其数字素养和教学能力。同时，为学生提供必要的学习指导和支持服务。

（五）评价与反馈机制

多元化评价：采用多元化的评价方式，包括自我评价、同伴评价、教师评价等，全面评估学生的学习成果和进步情况。

及时反馈：建立及时有效的反馈机制，让学生能够及时了解自己的学习情况和不足之处，以便及时调整学习策略和方法。

（六）案例与实践

展示成功案例：通过展示数字化学习环境的成功案例和优秀实践，激励更多师生积极参与数字化学习并分享自己的经验和成果。

鼓励实践创新：鼓励师生在实践中不断探索和创新数字化学习的模式和方法，推动数字化学习环境的持续优化和发展。

营造数字化学习环境需要从基础设施建设、教育资源开发、教学模式创新、技术支持与服务、评价与反馈机制以及案例与实践等多个方面入手。通过多方面的努力和协作，可以构建一个高效、便捷、富有吸引力的数字化学习环境，为学生提供更加丰富、多样、个性化的学习体验。

二、建设数字化学习资源库

数字化的发展与时俱进。我们可以从以下方面着手建设数字化学习资料库：改进传统资源，并对现有资源进行数字化升级；购买专业机构开发的资源用于二次开发；将教师和学生的优秀作品直接放入图书馆；下载网络资源以丰富本地资源库。对于资源管理，教师需要动态跟踪和及时更新，学校及相关部门需要整体规划和扩大投资，提高质量，丰富数量，并关注学生的真实需求，扩大数字化学习的优势。在当今世界，数字化学习资源非常丰富，我们应该如何使用和开发它们？呈现课堂知识时，教师可以使用视频、动画、图片、文本、声音等方式，并推动数字化学习资源的建设，以满足不同的学习需求，实现教学目标。在建设数字化学习资源库的过程中，要注意学习资源的多样性和权威性，确保数字化学习资源准确。数字化学习是可持续发展和社会发展的必然，也是学生掌握新知识的有效途径。关注数字化学习资源在应用过程中的质量和效果反馈，实现数字化学习资源应用的可持续发展。

三、改变数字化学习方式

数字化学习改变了学习中的时间和空间概念。数字化学习资源的全球共享、虚拟教室和虚拟学校的出现以及现代远程教育的兴起，使得学习不再局限于学校和家庭，人们可以通过互联网随时随地访问数字虚拟学校。从时间上看，仅有一段时间的集中学习，并不能使人获得可以受用一生的知识和技能。人类将从一次性学习转变为终身学习。因此，数字化学习要求学生具备终身学习的态度和能力。在信息时代，个人学习将是终身的。个人终身学习是指学习者根据社会和工作的需要，确定继续学习的目标，并有意识地进行规划、管理和独立工作，通过各种方式实现学习目标的过程。当然，这要求教育必须发生深刻变化，即教育的内涵、功能、培养目标、内容和方式都要转变，为人们的终身学习提供条件。

此外，数字化学习要求学生具备良好的信息素养。只有具备良好信息素养的学生，才能理解信息带来的知识，形成自己的观点和知识结构。信息素养也是终身学习者的主要特征。信息素养包括三个基本点：①信息技术的基本知识和应用技能，指使用信息技术获取、处理和交流信息的技能。②分析、批评和理解信息内容的能力，即逐一评估信息检索策略、要使用的信息源和获得的信息内容的能力。在收到信息之前，能够认真考虑信息的有效性、信息陈述的准确性、识别信息推理中的逻辑矛盾或谬误，并确定论证的充分性。③根据社会需求整合信息、创造信息、利用信息以及融入信息社会的态度和能力，这意味着信息使用者应具有强烈的社会责任感和良好的合作精神，并将信息的整合和创造力作为推动社会进步的力量。

第三节　数智时代 AI 技术对教师数字素养提升的影响

在数智时代，AI（人工智能）技术对教师数字素养的提升产生了深远的影响，它不仅改变了教师获取、处理和使用信息的方式，还促进了教学方法和学习体验的创新。

一、个性化教学建议

AI 技术可以根据学生的学习行为和成绩提供个性化的教学建议，帮助教师更好地理解每个学生的需求。通过智能分析学生的学习数据，教师能够设计更加个性化的教学计划，提高教学质量。

二、教学资源的智能推荐

AI 技术可以帮助教师快速获取大量教育资源和信息。通过智能搜索引擎和推荐系统，教师能够更有效地找到所需的教学材料和研究数据。AI 技术能够根据教师的教学需求和学生的学习进度，推荐合适的教学资源和材料。教师可以更高效地获取和利用教学资源，节省准备时间，提高教学效率。

三、自动化评估与反馈

AI 技术可以自动评估学生的作业和测试结果，提供及时的反馈。教师从烦琐的评分工作中解放出来，有更多时间关注教学内容的创新和对学生的个别指导。AI 技术使教学管理智能化，可以帮助教师进行课堂管理，如出勤跟踪、学习行为分析、评价反馈等。教师可以更有效地管理课堂，确保教学活动顺利进行。

四、智能辅导系统

AI 技术驱动的智能辅导系统能够提供学习支持，使学生在课后也能获得帮助。教师可以通过这些系统监控学生的学习进度，及时调整教学策略。AI 技术工具能够处理和分析大量数据，帮助教师理解学生的学习行为和成效，从而进行更有针对性的教学调整。

五、教师专业发展的促进

AI 技术为教师提供了丰富的学习资源，支持教师的终身学习和专业发展。

教师可以通过在线课程、虚拟研讨会等方式，不断提升自己的数字技能和教学能力。

六、教学内容和方法的创新

AI 技术的发展推动了教学内容和方法的创新，如教师可以利用智能教育软件、虚拟现实（VR）和增强现实（AR）等技术创造沉浸式学习体验，提升学生的学习兴趣和参与度。AI 技术鼓励教师探索新的教学方法，如 STEAM 教学、翻转课堂、项目式学习、跨学科主题学习等。教师可以利用 AI 工具设计互动性强、学生参与度高的教学活动。AI 技术辅助的教学系统可以提供智能辅导和自动评分服务，减轻教师的负担，使他们有更多时间专注于教学方法的创新和学生的个别指导。

七、教育公平的促进

AI 技术有助于缩小教育资源分配的差距，为不同地区和背景的学生提供平等的学习机会。教师可以利用 AI 技术为具有不同需求的学生提供定制化的学习支持，促进教育公平。

八、学生能力的培养

AI 技术可以帮助教师识别和发展学生的潜能，培养学生的批判性思维、创新能力和解决问题的能力。教师可以利用 AI 工具进行能力评估，为学生提供有针对性的培养方案。

九、网络安全与伦理教育

AI 技术的发展也带来了网络安全和伦理问题，需要教师具备相应的意识和知识。教师可以利用 AI 技术进行网络安全教育，培养学生的数字伦理意识。

总的来说，人工智能在数智时代对教师数字素养的提升提供了全方位的帮助，不仅提高了教学效率和质量，也为教师的个人发展和教育创新提供了支持。教师需要不断学习和适应 AI 技术的发展，以充分利用其潜力，推动教育的进步。

第四节　有效促进教师提升数字素养的教学方式

有效促进教师提升数字素养的教学方式涉及多样化的策略和工具，旨在帮助教师适应数字化教育环境，提高他们运用数字技术进行教学的能力。以下是一些有效的教学方式。

一、项目式学习

项目式学习是一种以学生为中心的教学方法，它提供一些关键素材构建一个环境，学生通过组建团队在此环境里解决一个开放式问题来达到学习的目的。需要注意的是，项目式学习过程并不强调如何通过一个既定的方法来解决这个问题，它更强调学生在试图解决问题的过程中的技巧和能力，包括如何获取知识、如何计划项目、如何控制项目的实施以及如何加强小组间的沟通和合作。项目式学习最初是为了医学教学而发展出来的，从那以后便广为传播，继而应用在其他各个学科的教学中。项目式学习赋予学生应对未来挑战的能力。

项目式学习通常是在一个学习小组中进行，学生在这个小组中有各自的角色，而且这个角色会不断轮换。在项目式学习中，学生的学习是通过自己的思考和推理来实现的。项目式学习中有一种方法叫作七步法，包括弄清概念、定义问题、头脑风暴、构建和假设、学习目标、独立学习和概括总结。简而言之，就是搞清楚他们已经知道的、他们需要知道的，以及如何获得新的有助于解决问题的信息。教师通过支持、建议和指导来帮助学生更好地解决问题。

通过项目式学习，教师可以引导学生解决实际问题，同时在这个过程中整合数字工具和技术的使用。教师作为指导者，帮助学生利用数字资源进行研究、协作和展示成果。

二、STEAM 教育

STEAM 教育是一个集合了科学（science）、技术（technology）、工程（engineering）、艺术（art）和数学（mathematics）的综合教育模式，它为教师提供了一个全面提升数字素养的平台。科学教育的意义在于认识世界、解释自然界的客观规律；技术和工程教育则是在尊重自然规律的基础上改造世界、实现与自然界的和谐共处、解决社会发展过程中遇到的难题；艺术教育鼓励教师探索数字艺术创作工具，如图形设计软件和数字绘画程序，提升艺术创作和审美的数字技能；数学教育则是技术与工程学科的基础工具。结合科学探索和技术应用，鼓励教师使用数字工具进行实验设计、数据收集和分析。利用工程设计流程，让教师在解决实际问题时提升技术应用和创新能力。融入艺术，通过数字艺术工具和软件，提升教师的审美和创造性思维。

2016 年教育部出台的《教育信息化"十三五"规划》中明确指出，要依托信息技术营造信息化教学环境，促进教学理念、教学模式和教学内容改革，推进信息技术在日常教学中的深入、广泛应用，适应信息时代对培养高素质人才的需求。有条件的地区要积极探索信息技术在"众创空间"、跨学科学习（STEAM 教育）、创客教育等新的教育模式中的应用，着力提升学生的信息素养、创新意识和创新能力，养成数字化学习习惯，促进学生的全面发展，发挥信息化面向未来培养高素质人才的支撑引领作用。[①]

三、大概念教学

大概念教学（Big Ideas Teaching）是一种以核心概念为中心的教学方法，这些核心概念是学科领域内最重要、最基础、最持久的观念。这种方法强调对学科的深入理解，而不仅仅是对事实的简单记忆。大概念教学的目的是通过将学习内容与学生的真实世界经验相联系，帮助学生构建知识框架，发展批判性思维和解决问题的能力。大概念是指反映专家思维方式的概念、观念或论题，它从具体中来，到具体中去，提示我们要站在真实世界的角度来进行教育教学。如果不能站在生活价值的角度，只教小概念，那么无论是从横向空间维度（现实世界和学校环境之间的关系）来看，还是从纵向时间维度（现在和未来）来看，概念系统都是孤立的。大概念教学具有以下关键特点：

（1）核心性：大概念是学科领域中的核心，能够连接和整合不同的知识点。

（2）持久性：大概念具有长期的价值，即使在学生离开学校后，也能够持续影响他们的思考和行动。

---

① 中华人民共和国教育部. 教育部关于印发《教育信息化"十三五"规划》的通知［EB/OL］.（2016 – 06 – 07）［2023 – 12 – 07］. http://www.moe.gov.cn/srcsite/A16/s3342/201606/t20160622_269367.html.

（3）普遍性：大概念跨越不同的学科和文化，具有普遍的适用性。

（4）抽象性：大概念通常是抽象的，需要通过具体的例子和情境来解释和理解。

（5）整合性：大概念能够整合不同学科的知识，促进跨学科学习。

大概念教学强调通过跨学科的方式教授具有深远意义的核心概念，数字素养是其中的重要组成部分。教师可以利用数字工具来展示大概念在现实世界中的应用，增强学习的实践性和相关性。

四、"教—学—评"一体化

"教—学—评"一体化是教学与评价方式的新趋势，主要面向有效教学的实践讨论，涉及课程与评价两个领域的理论与实践。倡导"教—学—评"一体化，就是根据课程目标解决"教什么""学什么""会什么"三个方面的问题。

实施"教—学—评"一体化，可以从以下六个要素开始：

（1）明确理念：学科育人——"为什么教"（立德树人）。

（2）把握内容：文本解读——"教/学什么"（是什么、为什么、怎么做）。

（3）分析学情：学习起点——"谁在学"（总体表现为：学生对所学内容的掌握程度，已有的知识、能力和态度以及潜在不足）。

（4）制定目标：期待表现——"学到什么程度"（围绕主题，基于语篇，明确学生在语言、文化、思维和学习能力等方面应达到的水平）。

（5）选择方法：活动实践观——"如何教/学"（通过学习理解、应用实践、迁移创新等活动促进目标达成）。

（6）评价结果：实际表现——"如何评/学会了……"（教学中评价学生表现，根据目标达成情况，发现问题，给出反馈，作出调整）。

确保教学目标、学习过程和评估标准之间的一致性，数字素养的培养也应该贯穿始终。利用数字平台和工具来记录学生的学习过程，提供及时反馈，并与评估标准相对应。

五、智慧教育

互联网技术、知识数字技术和移动通信技术的发展，改变了人类获得知识的方式和渠道，也改变了教师和学生的角色。知识从单向传递变成多向互动式传递，教师从知识传授者向活动的设计者和指导者转变，师生之间形成新型学习伙伴关系。学科与技术深度融合的关键在于教师的智慧。

利用智能技术，如人工智能、物联网、大数据分析等，来创建个性化和适应性的教学环境。教师可以利用智慧教育平台来分析学生的学习行为，定制个性化教学计划。

第二章　数字化意识

　　数字化是指将模拟的事物（如声音、图像、文本、数据等）转换成数字信号的过程。数字技术可以将这些事物转化成由 0 和 1 组成的二进制编码，使得它们能够被计算机、网络和其他数字设备识别和处理。数字化的目的是提高信息的效率和准确性，并使其更易于传播和访问。数字技术的出现和发展，已经深刻地改变了我们的生活方式和经济结构，使得我们可以更加高效地处理和分享信息，进行在线交易、远程教育和医疗等活动，并为技术创新和经济增长带来巨大的机遇。

　　数字化意识是客观存在的数字化相关活动在教师头脑中的能动反映，包括数字化认识、数字化意愿以及数字化意志。

　　数字化意识是指对数字技术和数字化环境的认识和理解，以及将数字技术应用于日常生活和工作中的意识和能力。具有数字化意识的人们能够利用数字技术来解决问题、提高效率、创造价值，并适应不断变化的数字环境。数字化意识在当今社会是非常重要的一种能力，它能够促进个人的成功和创新，并推动社会的发展和进步。

第一节　数字化认识

　　《教师数字素养》中定义的数字化认识是指教师对数字技术在经济社会及教育发展中价值的理解，以及在教育教学中可能产生新问题的认识，包括理解数字技术在经济社会及教育发展中的价值，以及认识数字技术发展给教育教学带来的机遇与挑战。

一、数字技术在经济社会及教育发展中的价值

（一）数字技术推动国际数字经济发展

数字技术的应用使得企业可以更好地管理和利用数据，提高生产效率和产品质量，同时可以降低成本和提高利润。数字技术也为政府提供了更好的信息管理和决策支持工具，使政府运作更加高效和透明。而对于消费者来说，数字技术提供了更便捷的购物、娱乐、社交和学习体验。

数字技术的应用也使国际贸易和经济合作变得更加便捷和高效。数字化的货物和服务可以更加快速和准确地跨越国界，数字化的支付和结算系统可以降低交易成本和风险，数字化的跨国数据流动也促进了信息共享和合作。

数字技术的应用还带来了新的商业模式和经济增长点。例如，共享经济、电子商务、在线教育、智能制造等新兴产业的发展，为数字经济的增长提供了新的动力。

以下是数字技术推动国际数字经济发展的几个方面：

（1）信息和通信技术的快速发展。通信技术包括网络、移动通信、云计算等，这些技术为企业、政府和消费者提供了更高效、更准确、更智能、更便捷的服务和体验。

（2）大数据和人工智能的广泛应用。大数据和人工智能为社会提供了更好的数据管理和决策支持工具，同时为消费者提供了更智能化的服务和体验。

（3）电子商务的迅速发展。电子商务让消费者可以更便捷地购物和消费，同时为企业提供了更广阔的市场和更高效的销售渠道。

（4）金融科技的崛起。金融科技为金融业带来了新的商业模式和服务方式，同时为消费者提供了更普惠、更便捷的金融服务。

（5）区块链技术的应用。区块链技术可以提高数据的安全性和可信度，同时可以降低交易成本和风险，为数字经济的发展提供了新的机遇。

（二）数字技术对教育数字化转型的重要意义

数字技术的快速发展和广泛应用对教育数字化转型具有重要意义，具体包括以下几个方面：

1. 提高教育的效率和质量

数字化教育可以提高教育的效率和质量。教师可以通过数字技术更好地管

理学生的学习过程，提供个性化的教育服务。学生也可以通过数字技术获取更多的学习资源和交互式的学习体验，提升学习效果和学习兴趣。

2. 推动教育的普及和公平

数字化教育可以推动教育的普及和公平。学生可以通过数字技术获取全球范围内的教育资源，而且数字化教育也可以更好地适应残障学生和远程学习的需求，促进教育资源更加平等地分配和共享。

3. 让教育更加个性化和泛在化

数字技术让教育更加个性化和泛在化，学生可以根据个人特点开展学习。同时，数字技术使学习摆脱了时空限制，实现人人可学、时时可学、处处可学。

4. 促进教育的创新和发展

数字化教育可以促进教育的创新和发展。数字技术为教育创新提供了更多的可能性，例如虚拟现实、增强现实等技术可以为学生提供更丰富、更多样化的学习体验。

5. 推动教育的国际化交流

数字化教育可以促进教育的国际化交流。数字技术为学生提供了更多的跨国学习的机会和交流平台，可以促进教育的国际化交流和多元化。

数字技术推动教育数字化转型的意义在于提高教育的效率和质量，推动教育的普及和公平，让教育更加个性化和泛在化，促进教育的创新和发展，推动教育的国际化交流。数字化教育已经成为未来教育发展的重要趋势之一，将促使教育领域发生深刻的变革和创新。

二、数字技术发展给教育教学带来的机遇与挑战

数字技术的发展给教育教学带来了许多机遇和挑战，主要如下：

1. 机遇

（1）提供更丰富、更多样化的学习体验。数字技术为教育教学带来了虚拟现实（VR）、增强现实（AR）等新技术，可以为学生提供更丰富、更多样化的学习体验，例如通过虚拟实验室进行实验，提升学生的学习效果。

（2）提高教育教学效率。数字技术可以提高教育教学效率，例如，教师通过在线学习平台可以更好地管理学生的学习过程，了解学生的学习进度和学习成果，进而提供个性化的教育服务。

（3）丰富教学资源。数字技术可以帮助学校和教师制作数字化的教学资源，例如在线教材、视频课件等，使学生可以获取更多样的学习资源。

（4）促进教育公平。数字技术可以帮助解决教育资源分配不公平的问题，在线学习平台可以让更多学生获得优质的教育资源。

（5）促进国际教育交流。数字技术为学生提供了更多的跨国学习机会和交流平台，可以促进国际教育交流，促进教育的国际化和多元化。

2. 挑战

（1）数字鸿沟。数字技术在发达地区的应用比较普遍，但在欠发达地区的应用还面临着许多困难。数字技术在各地的普及程度不同，一些学生和学校可能无法获得相同的数字化教学资源和设备，这可能会导致数字鸿沟。

（2）教师数字素养不足。数字技术的发展需要教师具备一定的数字素养，但目前教师数字素养不足的问题仍然存在。

（3）网络安全问题。数字技术的应用需要注意网络安全问题，防止学生的隐私信息被泄露和网络攻击。使用数字技术进行学习和教学时，需要考虑学生和教师的隐私安全问题，避免敏感信息被泄露。

（4）教育质量评估的难点。数字技术的应用带来了许多新的评估标准和方法，但如何评估教育质量仍然是一个难点。

（5）技术依赖。数字技术需要相应的设备和软件支持，一些教师和学生可能需要接受额外的培训才能使用数字技术进行教学和学习。

（6）质量控制。在线学习和数字化教学资源的质量可能不一致，需要制定相应的标准和监管机制来保证教学的质量和有效性。尽管数字技术提供了更加丰富、灵活、高效的教学方式和资源，但是学生也需要学会正确使用数字技术，否则可能会影响学习质量。

数字技术的发展给教育教学带来了机遇和挑战。在数字化转型过程中，教师需要认真分析和解决这些问题，提高教育教学的质量和效率，以适应数字化时代的需求。

三、数字技术资源应用于教育教学的利与弊

1. 数字技术资源应用于教育教学过程会产生教学理论创新

数字技术资源的应用促使许多新的教学理论和模式产生，以下是一些可能的创新：

（1）个性化学习理论。数字技术可以为学生提供个性化的学习环境，包括适应性评估、学习资源的个性化推荐等。这种学习环境可以根据学生的学习情况和学习习惯进行调整，以满足学生的不同需求。个性化学习理论认为，每个学生都是独一无二的，因此需要针对每个学生的具体情况制订个性化的学习计划。

（2）协同学习理论。数字技术可以为学生提供更多的合作和互动机会，例如在线讨论、虚拟团队项目等。这样的教学方式可以提高学生的参与度，激发学生的学习兴趣。协同学习理论认为，学生之间的合作和互动可以促进知识的交流和共享，从而提升学习效果。

（3）开放教育资源理论。数字技术可以提供更多种类的学习资源，包括在线课程、视频、图像、模拟实验等。这些学习资源可以帮助学生更加深入地理解课程内容。开放教育资源理论认为，教育资源应该是开放的，任何人都可以访问和使用这些资源，以促进知识的共享和传播。

（4）游戏化学习理论。数字技术可以将游戏元素融入教学中，使学习变得更加有趣和吸引人。游戏化学习理论认为，游戏可以激发学生的学习兴趣和动机，提升学生的参与度和学习效果。

（5）翻转课堂理论。数字技术可以让学生在课堂外进行预习，然后在课堂上进行深入讨论和交流。这种教学方式被称为"翻转课堂"。翻转课堂理论认为，学生在课堂上可以更好地理解和应用课程内容，在课堂外则可以自主地进行学习。

总而言之，数字技术的应用可以促进教育教学理论的创新和发展，使教育教学更加个性化、开放、协同和有趣。

2. 数字技术资源应用于教育教学过程会产生教学方法创新

数字技术资源的应用促使许多新的教学方法产生，以下是一些可能的创新：

（1）视频教学。数字技术可以提供在线视频教学资源，让学生随时随地观看课程视频，加深对知识的理解。教师也可以通过视频进行教学，更加生动地呈现课程内容。

（2）模拟实验。数字技术可以提供虚拟实验室，让学生通过模拟实验进行科学实验和操作。这种教学方法可以避免实验过程中的风险和成本，并且可以让学生随时随地进行实验学习。

（3）自主学习。数字技术可以为学生提供更多种类的学习资源，让学生更加自主地进行学习。学生可以根据自己的学习情况和学习需求选择适合自己的学习资源，进行自主学习。

（4）智能评估。数字技术可以提供智能评估工具，帮助教师更好地了解学生的学习情况和学习进度。通过评估结果，教师可以制订个性化的教学计划和辅导方案。

（5）互动式学习。数字技术可以为学生提供在线讨论、课堂投票、即时问答等工具，使学生和教师之间可以进行即时、互动的学习交流。这种教学方法可以提高学生的参与度和积极性，提升学习效果。

（6）适应性学习。数字技术可以根据学生的学习情况和学习习惯提供个性化的学习环境和学习资源，使学生的学习更加适应个体差异和特点。

总之，数字技术的应用可以促进教育教学方法的创新和发展，使教学形式更加丰富、多样化和个性化。

3. 数字技术资源应用于教育教学过程可能会产生伦理道德问题

数字技术资源的应用对教育教学过程大有裨益，但也会带来一些伦理道德问题，以下是可能会产生的问题：

（1）隐私问题。数字技术在教学过程中收集和处理的学生数据，如学习行为、兴趣爱好、评估成绩等，均需要受到严格的隐私保护。教育机构和教师必须确保学生数据的保密性和安全性，同时遵守相关的法律法规。

（2）技术依赖问题。数字技术的使用可能会让学生过度依赖技术，影响其对于基本学习技能的掌握，如阅读、写作、计算等。同时，一些学生可能会被过多的数字娱乐和网络游戏等所吸引，影响其学习效果。教育机构和教师应该引导学生正确使用数字技术，避免技术依赖和不良习惯的形成。

（3）数字鸿沟问题。数字技术资源的应用可能会导致数字鸿沟的出现，即某些学生因受技术和经济等因素影响而无法获得数字技术资源的使用机会。这可能会加剧教育不公平的现象，教育机构和教师应该采取措施缩小数字鸿沟。

（4）职业伦理问题。数字技术的应用可能会影响教师的职业伦理，如依赖智能评估工具而忽略对学生进行个性化辅导等问题。教师应该注意教学过程中的伦理道德问题，尊重学生的个体差异和隐私权。

数字技术的应用在教育教学过程中可能会带来一些伦理道德问题，需要教育机构和教师关注和解决。教育机构和教师应该遵守相关法律法规，尊重学生的隐私权和个体差异，引导学生正确使用数字技术，避免技术依赖和不良习惯的形成。

第二节　数字化意愿

根据《教师数字素养》，数字化意愿是指教师对数字技术资源及其应用于教育教学的态度，包括主动学习和使用数字技术资源的意愿，以及开展教育数字化实践、探索、创新的能动性。

数字化意愿是数字化转型的重要基础，它决定了个体或组织是否愿意接受数字化转型并将数字技术应用于其日常生活和业务活动中。数字化意愿通常受多种因素的影响，包括教育背景、年龄、性别、文化差异、经济水平等。例如，年轻人通常更倾向于接受数字技术，因为他们在数字技术方面更有经验、更熟练。而老年人则可能比较抵触数字技术，因为他们可能没有接受过相关的教育和培训。

数字化意愿包括以下几个方面：

（1）数字技术使用能力。这是数字化意愿的基础，只有掌握了数字技术的使用方法和技能，才能更好地应用数字技术开展学习、工作和交流等活动。

（2）数字化思维和习惯。数字化思维是指个人在思考和解决问题时能够充分利用数字技术的思维方式与工具，数字化习惯则是指个人在日常生活中积极使用数字技术开展学习、工作和交流等活动的习惯。

（3）数字化生态环境意愿。这是指个人或组织在数字化生态环境不自觉地开展数字化学习、数字化交流和数字化工作等活动的意愿与能力，同时也包括个人或组织对数字化生态环境的认知和理解。

（4）数字化创新和变革意愿。这是指个人或组织在数字化时代面对新的数字技术、应用和模式时积极创新和变革的意愿与能力。

数字化意愿的重要性在于，它可以促进数字化转型的顺利进行，帮助个体和组织更好地适应数字化时代的变革与发展。

一、主动学习和使用数字技术资源的意愿

为了帮助教师了解数字技术资源的功能作用，提高其在教育教学中主动学习和使用数字技术资源的愿望，可以考虑以下措施：

（1）强调数字技术资源的重要性和价值。教师需要了解数字技术资源对

于教学和学习的重要性和价值，包括如何提升学生的学习效果、如何提高教学效率、如何提高学生参与度等方面。这可以通过案例分析、数据分析、教学反思等方式进行。

（2）提供相关的培训和支持。教师需要接受相关的培训和支持，以了解数字技术资源的潜力和使用方法。这些培训可以通过线上或线下的方式进行，以课程、研讨会、实践经验分享等形式开展。

（3）鼓励合作和分享。教师需要认识到数字技术资源的分享和合作可以带来更多的好处，包括获得更多的资源、增加经验和技能、获得反馈和建议等。这可以通过建立数字技术资源共享平台、建立教师微信群、举办分享会等方式进行。

（4）了解教师需求和反馈。一方面，教师需要机会表达他们的需求和反馈，从而使数字技术资源的开发和改进更符合教师的实际需要。这可以通过定期的问卷调查、用户反馈、合作小组等方式进行。另一方面，教师需要足够的动力和激励来使用数字技术资源。可以通过设计有效的激励机制，包括提供奖励、职称发展机会、专业认证等方式，来激发教师主动学习和使用数字技术资源的意愿。

此外，要让教师认识到，合理使用数字技术资源能够推动教育高质量发展，具体表现在以下方面：

（1）促进教育公平。数字技术资源可以打破地域和时间限制，帮助更多的学生获得教育机会，促进教育公平。例如，在线教育平台可以帮助那些无法到学校上课的学生获得教育资源。

（2）提升学生学习效果。数字技术资源可以帮助学生更好地理解和掌握知识，提升学习效果。例如，多媒体教学资料可以更生动形象地呈现知识点，从而提升学生的学习兴趣和参与度。

（3）提高教学效率。数字技术资源可以帮助教师更好地组织课堂教学，提高教学效率。例如，数字化课程设计和教学可以减少教师的准备时间，从而提高教学效率。

（4）丰富教育资源。数字技术资源可以丰富教育资源，使学生接触到更多的知识和信息。例如，数字化图书馆和文化遗产资源可以使学生更好地了解和掌握人类文化和历史。

（5）提高教育管理效率。数字技术资源可以帮助教育管理者更好地了解和监管教育过程，提高教育管理效率。例如，学生信息管理系统可以帮助教育管理者更好地跟踪学生学习情况，及时发现问题并加以解决。

理解了以上内容，教师主动学习和使用数学技术资源的意愿也会进一步提升。

二、开展教育数字化实践、探索、创新的能动性

教师应具有实施数字技术与教育教学融合的主动性，愿意开展教育教学创新实践。教育数字化实践、探索、创新的能动性指的是教师在数字化教育领域积极探索、实践和创新的主动性和积极性。为了发挥开展教育数字化实践、探索、创新的能动性，可以采取以下措施：

（1）提供相关的培训和支持。为了帮助教师掌握数字技术的使用方法和技能，可以提供相关的培训和支持，包括线上或线下的培训课程、技能培训班、教育数字化实践案例分享等。

（2）建立数字化教育创新平台。为了提高教师的数字化教育创新能力，可以建立数字化教育创新平台，让教师可以自由分享和交流数字化教育实践经验和创新案例。

（3）提供数字化教育技术支持。为了帮助教师更好地应用数字技术，可以提供数字化教育技术支持，包括数字化教学软件、数字化教育资源库等。

（4）鼓励教师参与教育数字化实践。为了鼓励教师积极参与数字化教育实践，可以提供相应的奖励和激励措施，例如提供专业发展机会、组织数字化教育创新比赛等。

（5）推动教育制度改革。为了更好地发挥数字化教育的作用，可以推动教育制度改革，支持数字化教育的发展和创新，鼓励教师探索数字化教育的新模式和新方法。

开展教育数字化实践、探索、创新的能动性需要从多个方面进行支持和促进，包括提供相关的培训和支持、建立数字化教育创新平台、提供数字化教育技术支持和鼓励教师参与教育数字化实践等。同时，需要推动教育制度改革，为数字化教育的发展提供更好的制度保障。

第三节　数字化意志

根据《教师数字素养》，数字化意志是指教师在面对教育数字化问题时，具有积极克服困难和解决问题的信念，包括战胜在教育数字化实践中遇到的困难和挑战的信心与决心。

在教育数字化实践中遇到困难和挑战时，可以通过以下措施来提高信心与决心：

（1）寻找支持和合作。寻找志同道合的人，建立合作伙伴关系，互相支持和鼓励，共同面对困难和挑战。同时，可以寻求专业技术支持，如请教数字化教育专家或技术人员，获取更多的建议和帮助。

（2）持续学习。加强对数字技术和数字化教育的学习，了解相关领域的最新动态和发展趋势，掌握更多解决问题的方法和技巧，增强自信心。

（3）接受反馈。在实践中，要善于接受各方反馈，包括学生、家长和同事等，倾听他们的意见和建议，不断改进自己的教学实践，提高数字化教育的质量。

（4）小步前进。将复杂的数字化教育实践拆分为小块，逐步实践，一步步提升自己的能力和信心。在实践中逐渐积累经验，积极总结经验教训，不断优化和调整。

（5）保持开放心态。数字化教育实践是一个不断探索和创新的过程，教师需要保持开放心态，接受新的思想和技术，勇于尝试新的教学方法和模式。

教育数字化实践是一个充满挑战和机遇的过程，教师需要具备克服困难和挑战的信心与决心。通过寻找支持和合作、持续学习、接受反馈、小步前进和保持开放心态等措施，教师可以逐步提升数字化教育实践的信心和能力，为推进教育数字化发展作出更大的贡献。

第三章　数字技术知识与技能

第一节　数字技术知识

一、多媒体

（一）多媒体和多媒体技术的概念

多媒体（multimedia）是多种媒体的综合，一般包括文本、声音和图像等多种媒体形式。

在计算机系统中，多媒体指组合两种或两种以上媒体的一种人机交互式信息交流和传播媒体。使用的媒体包括文字、图片、照片、声音、动画和影片，以及程序所提供的互动功能。多媒体技术是指通过计算机对文字、数据、图形、图像、动画、声音等多种媒体信息进行综合处理和管理，使用户可以通过多种感官与计算机进行实时信息交互的技术，又称为计算机多媒体技术。

（二）多媒体技术的特点

（1）集成性。多媒体技术能够通过多个渠道实现信息的统一获取、存储、组织和合成。

（2）控制性。多媒体技术以计算机为中心，综合处理和控制多媒体信息，并根据人类的需求将其以各种媒体形式呈现，同时作用于人类的多种感官。

（3）交互性。交互性是多媒体应用程序的主要特征之一，这使它们有别于传统的信息交换媒体。传统的信息交换媒体只能以单向和被动的方式传播信息，而多媒体技术可以实现人类对信息的主动选择和控制。

（4）非线性。多媒体技术的非线性特性将改变人们传统的阅读顺序和写作模式。过去，人们大多使用章节、小节和页面的框架来逐步获取知识，而多媒体技术将使用超文本链接的方法，以更灵活、更多变的方式向读者呈现内容。

（5）实时性。当用户提供操作命令时，多媒体技术可以实时控制相应的多媒体信息。

（6）互动性。多媒体技术可以形成人与机器之间的互动，也可以形成人和机器之间的交互，创造一个相互交流的操作环境和人们可以根据自己的需求控制的沉浸式场景。人机交互是多媒体技术的最大特点。

（7）方便性。用户可以按照自己的需要、兴趣、任务要求、喜好和认知特点来使用信息，利用多媒体技术以图像、文本和声音等形式表现信息。

（8）动态性。"多媒体是一部永远读不完的书"，用户可以通过多媒体技术按照自己的目的和认知特征重新组织信息，增加、删除或修改节点，重新建立链接。

（9）智能性。多媒体提供了易于操作、十分友好的界面，使计算机更直观、更方便、更亲切、更人性化。[①]

（三）多媒体信息的类型和特征

1. 文本

文本是通过文字和各种专门符号表达信息的形式，是现实生活中最常用的信息存储和传输方式。使用文本来表达信息给人们提供了充足的想象空间，其主要用于知识的描述性表示，如解释概念、定义、原理和问题，以及显示标题、菜单和其他内容。

2. 图像

图像是多媒体软件中最重要的信息表现形式之一，是决定多媒体软件视觉效果的关键因素。

3. 动画

动画利用人类视觉持久性的特点，快速播放一系列连续移动的图形和图像，包括缩放、旋转、变换、褪色等特效。通过动画，可以将抽象内容可视化，使许多难以理解的教学内容生动有趣。合理使用动画可以达到事半功倍的效果。

4. 声音

声音是人们传递信息和交流情感最方便、最熟悉的方式之一。在多媒体课件中，声音根据其表现形式可分为三类：解说、音乐和效果。

---

① 蒋西明. 计算机多媒体技术关键性技术研究［J］. 数码设计（下），2019（2）：14 – 15.

5. 视频

视频图像具有时间性和丰富的信息内涵，经常被用来解释事物的发展过程。视频与我们熟悉的电影和电视非常相似，在多媒体中发挥着重要作用。

（四）多媒体技术的类别

（1）图像技术：图像处理、压缩、图形动态生成等。

（2）音频技术：音频采样、压缩、合成及处理、语音识别等。

（3）视频技术：视频数字化及处理。

（4）通信技术：语音、视频、图像的传输。

二、物联网、互联网

（一）物联网

1. 物联网的定义

物联网（Internet of Things，IoT）是一种互联网技术，通过将智能设备、传感器、软件、网络连接在一起，实现设备之间的互联互通，使得各种物理设备能够互相协作、交流数据和信息，从而实现物品之间的智能化互动。物联网技术可以让我们的生活更加智能化、高效化，也为工业、医疗、农业等领域带来了巨大的变革和进步。

2. 物联网的特点

（1）大数据处理。物联网中的各种设备可以实时生成大量的数据，这些数据可以用于分析和预测，从而为企业和个人提供更好的服务。

（2）万物互联。物联网将各种物理设备、传感器、智能设备等连接起来，实现设备之间的互联互通，从而构建一个大规模的网络。

（3）智能化。物联网技术可以让各种设备实现智能化，例如智能家居、智能制造、智能医疗等，从而提高生产效率和生活质量。

（4）云计算。物联网需要处理大量的数据和信息，因此需要采用云计算技术来存储、处理和分析数据。

（5）低功耗。物联网中的许多设备需要长时间运行，因此需要采用低功耗技术，以保证设备能够长时间运行。

（6）安全性。物联网中存在大量的设备和信息流动，因此物联网的安全性非常重要，需要采取各种安全措施，例如加密、认证、防火墙等。

3．物联网的主要技术

（1）通信技术。物联网中的设备需要互相通信，因此需要采用各种通信技术，例如 Wi-Fi（无线通信技术）、蓝牙、NFC（近场通信技术）等。

（2）传感器技术。物联网中的各种设备需要采集和传输数据，而传感器技术可以实现这一功能，例如温度传感器、湿度传感器、加速度传感器等。

（3）人工智能技术。物联网可以帮助设备实现智能化，而人工智能技术可以帮助设备更好地学习和决策，例如机器学习、自然语言处理等。

（4）无线充电技术。物联网中的许多设备需要长时间运行，无线充电技术可以帮助这些设备长时间运行。

（5）数据存储和处理技术。物联网中的设备产生的数据需要存储和处理，因此需要采用各种数据存储和处理技术，例如云计算、分布式存储、大数据分析等。

（6）安全技术。物联网中存在着大量的设备和数据流动，因此对安全技术的要求也比较高，相关的技术包括加密、认证、防火墙等方面。

4．物联网的功能

（1）实时监控和控制。物联网可以通过传感器、智能设备等实时监控各种物理设备和环境参数，从而实现对设备和环境的实时控制。

（2）智能化决策。物联网中的各种设备和传感器可以产生大量的数据，通过人工智能技术的分析和处理，可以实现更智能化的决策。

（3）远程操作。物联网可以实现对各种设备的远程操作，例如智能家居中的远程控制、远程医疗中的远程诊断等。

（4）自适应性。物联网中的设备可以自适应环境变化，例如自动调节温度、湿度等参数。

（5）预测性维护。通过对设备的大数据进行分析和处理，物联网可以预测设备的故障和维护需求，从而实现更有效的维护和保养。

（6）精准营销。物联网可以通过分析用户行为和需求，实现更精准的营销和推广。

（二）互联网

1．互联网的定义

互联网的发展始于 20 世纪 60 年代，最初源自美国国防部的一项研究项目，旨在为美国政府和军方提供一种安全的通信方式。后来，互联网逐渐发展成为一种全球性的信息交流平台，它改变了人们的生活方式和商业模式，促进了全球经济的发展和文化的交流。

互联网（Internet），又称国际网络，指的是网络与网络之间所串联成的庞大网络，这些网络以一组通用的协议相连，形成逻辑上的单一巨大国际网络，实现资源共享和交换信息的目的。

2．互联网的特点

（1）去中心化。互联网不依赖于任何一个中心机构，而是由许多网络相互连接而成，形成了一张网状结构。这种去中心化的结构使得互联网更加灵活和具有鲁棒性。

（2）开放性。互联网是一个开放的平台，允许人们自由地分享信息和资源，而不受时间和地域的限制。这种开放性促进了信息的流通和创新的发展。

（3）多媒体性。互联网支持各种类型的信息和媒体形式，例如文本、图片、音频和视频等。这种多媒体性使得互联网成为一个丰富多彩的信息交流平台。

（4）高效性。互联网可以快速地传输大量的信息和数据，使得人们可以及时地获取和共享信息。这种高效性对于企业和个人用户都非常有益。

（5）全球性。互联网是一个全球性的计算机网络，它将世界各地的计算机和设备连接在一起，形成了一个全球性的信息交流平台。

（6）信息安全性。互联网在传输信息和数据时采用了各种加密和安全技术，以保护用户的隐私和数据安全。

（7）可扩展性。互联网具有很强的可扩展性，可以通过添加新的设备和升级软件等方式来扩展其功能和服务。

3．互联网的功能

（1）信息服务。互联网最基本的功能是提供信息服务，人们可以通过互联网获取各种信息，包括新闻、知识等。

（2）通信服务。互联网提供了各种通信服务，例如电子邮件、即时通信、社交网络等，使得人们可以方便地进行远程交流和沟通。

（3）商务服务。互联网为商业活动提供了许多服务，例如电子商务、在线支付、在线广告等，使得企业和消费者可以更加便捷地进行营销和交易。

（4）娱乐服务。互联网提供了各种娱乐服务，例如在线游戏、音乐、电影等，使得人们可以在网络上找到各种乐趣和娱乐。

（5）教育服务。互联网为教育提供了许多服务，例如在线教育、远程教育等，使得学生和教师可以方便地进行远程学习和教学。

（6）医疗服务。互联网为医疗行业提供了许多服务，例如在线诊疗、健康咨询等，使得医生和患者可以更加便捷地进行诊疗和咨询。

4．互联网的分类

（1）公共互联网。也称为"全球互联网"，是一个全球性的互联网，也是最常见的互联网形式，任何人都可以通过公共互联网进行信息交流和资源共享。

（2）内部互联网。也称为"局域网"（local area network，LAN），是一个局域性的互联网，通常被一些组织和公司用于内部通信和资源共享。

（3）移动互联网。是指通过移动设备（如手机、平板电脑等）连接到互联网的网络，提供各种移动应用和服务，例如移动支付、社交网络等。

（4）专用互联网。是一种为特定行业或组织服务的互联网，例如金融业的金融专用网、政府机构的政务专用网等。

（5）电子商务互联网。是一种专门为电子商务活动设计的互联网，提供了在线购物、在线支付、物流配送等各种服务。

三、云计算

（一）云计算的定义

云计算是一种分布式计算，通过网络"云"将大量数据处理程序分解为无数个小程序，然后通过由多个服务器组成的系统对这些小程序进行处理和分析，以获得结果并返回给用户。简单地说，在云计算的早期，正是简单的分布式计算解决了任务分配并合并了计算结果。因此，云计算也被称为"网格计算"。这项技术可以在很短的时间（几秒钟）内完成数万个数据的处理，从而实现强大的网络服务。[①]

云计算是指通过互联网将计算资源（包括计算能力、存储能力、网络带宽等）提供给用户的一种服务模式。云计算服务提供商会提供各种不同的云计算服务，包括基础设施即服务（infrastructure as a service，IaaS）、平台即服务（platform as a service，PaaS）和软件即服务（software as a service，SaaS）。

"云"本质上是一个网络。从狭义上讲，云计算是一个提供资源的网络。用户可以随时访问"云"上的资源，根据自己的需求使用，并且可以被视为无限扩展。只要我们按照自己的使用情况付费，"云"就像一处水厂，我们可

---

① 许子明，田杨锋. 云计算的发展历史及其应用 [J]. 信息记录材料，2018，19（8）：66－67.

以随时取水，并根据自己的用水量无限制地支付。

从广义上讲，云计算是一种与信息技术、软件和互联网相关的服务。这种类型的计算资源共享池被称为"云"。云计算聚集了许多计算资源，并通过软件实现自动化管理，只需要少量人员参与，即可快速提供资源。也就是说，计算能力作为一种商品，可以在互联网上流通，就像水、电、气等资源一样，可以很容易地获得，而且相对来说价格合理。

云计算并不是一种新的网络技术，而是一种网络应用的新概念。云计算的核心概念是以互联网为中心，在网站上提供快速、安全的云计算服务和数据存储，让每个使用互联网的人都能访问网络上庞大的计算资源和数据中心。[①]

（二）云计算的特点

云计算与传统的网络应用模式相比有如下特点：

（1）虚拟化技术。云计算最为显著的特点是虚拟化，且突破了时间、空间的界限。虚拟化技术包括资源和应用的虚拟。

（2）按需部署。计算机包含许多应用程序、程序软件等，不同的应用程序对应不同的数据资源库。

（3）动态可扩展。云计算具有高效的运算能力，在原有服务器的基础上增加云计算功能，能够使计算速度迅速提高。

（4）成本效益高。一方面，云计算降低了成本；另一方面，其计算性能并不比大型主机差。

（5）灵活性强。虚拟化元素在云系统资源的虚拟池中被统一管理，云计算的兼容性非常强。

（6）可靠性强。如果单点服务器出现故障，则可以使用虚拟化技术恢复分布在不同物理服务器上的应用程序，或者部署新的服务器以使用动态扩展功能进行计算。

（7）可扩展性强。用户可以利用应用软件的快速部署条件，更方便快捷地扩展现有和新的业务需求。

（三）云计算的一般应用

（1）数据存储和备份。云存储服务提供商，如亚马逊、谷歌、腾讯微云、百度云盘等，提供了云存储服务，用户可以将数据存储在云端，实现数据备份

---

① 罗晓慧. 浅谈云计算的发展［J］. 电子世界，2019（8）：104.

和存储。

（2）应用程序开发和部署。云平台提供了开发和部署应用程序所需的基础设施，开发者可以在云平台上开发、测试和部署应用程序。

（3）数据分析和处理。云计算提供了强大的计算和存储能力，可以支持大规模的数据分析和处理。例如，通过云计算平台，用户可以分析和处理大数据、进行机器学习和深度学习等。

（4）虚拟化和容器化。云计算提供了虚拟化和容器化技术，可以实现多个虚拟机或容器共享同一物理机器的计算资源。

（5）云安全和身份验证。云计算提供了安全的云服务，包括数据加密、身份验证、访问控制等。

（6）云存储和备份。云计算提供了高可用性和灵活性的存储和备份服务，可以帮助用户快速恢复数据，减少数据丢失的风险。用户可以将本地的资源上传至云端，可以在任何地方连入互联网来获取云上的资源。在国内，百度云盘和微云是市场占有量最大的存储云平台。

云计算可以应用在游戏、电子商务、社交媒体等领域，提供高性能、高可用性的服务。

（四）云计算在教育领域的应用

云计算在教育领域的迁移称为"教育云"，其实质是教育信息化的一种发展。教育云常见的应用形式有：

（1）在线教育平台。云计算提供了稳定、高效的网络环境和大容量的存储空间，使得在线教育平台可以快速地提供大量的课程内容和学习资源，同时支持在线学习、互动和评估等功能。例如，中国大学 MOOC 就是一个非常好的在线教育平台。

（2）学生信息管理系统。学生信息管理系统是学校管理的重要组成部分，云计算可以为学生信息管理系统提供高可用性和高安全性的服务，可以帮助学校实现学生信息的集中管理、自动化处理和数据共享。

（3）虚拟化实验室。传统的实验室需要大量的硬件和设备，而虚拟化实验室可以通过云计算提供的虚拟化技术，将实验室环境虚拟化到云端，让学生在任何时间、任何地点都能够进行实验操作和模拟实验。

（4）虚拟化图书馆。云计算可以将图书馆资源虚拟化到云端，使得学生可以通过互联网访问和检索图书馆的书籍和资源，同时还具有在线阅读、书签管理和数据分析等功能。

（5）远程授课和远程会议。云计算提供高效、稳定的视频会议和远程授课平台，使得学生和教师可以在不同的地点进行远程教学和会议。

（6）数据分析和挖掘。云计算提供高性能、高可用性的计算和存储资源，使得教育机构可以进行大规模数据分析和挖掘，以了解学生的学习情况和提供个性化的教育服务。

四、大数据

（一）大数据的定义和特征

大数据指的是规模巨大、结构复杂、难以用传统的数据处理方法进行管理和分析的数据集合。这些数据通常具有以下特征：

（1）数量巨大。大数据通常以千万、亿甚至更大的数据量级出现，通常需要使用分布式存储和处理技术进行管理。

（2）多样性。大数据通常包含结构化、半结构化和非结构化数据，例如文本、音频、图像、视频等。

（3）时效性。大数据通常需要实时或近实时处理和分析，以便快速响应变化的情况。

（4）复杂性。大数据通常需要对多个数据源进行整合和处理，同时需要采用多种技术进行分析和挖掘。

大数据的出现主要源于以下几个方面：一是互联网、社交媒体等技术的发展，使得大量数据可以被记录、存储和传输；二是计算机处理能力的不断提高，使得大数据的存储和处理成为可能；三是数据分析和挖掘技术的不断发展，使得大数据可以被挖掘出有价值的信息。

大数据具有广泛的应用领域，例如商业、金融、医疗、科学研究、政府管理等领域，可以帮助人们更好地理解和掌握现实世界的情况，提高决策的准确性和效率。

（二）大数据对教育教学的影响

大数据可以为学校、教师和学生带来很多好处，主要包括：

（1）个性化教学。大数据分析可以帮助教师根据学生的学习特点和表现制订出更具个性化的教学方案，提升学生的学习效果。

（2）智能辅助教学。利用大数据分析技术，可以开发出智能化的教学辅助系统，帮助教师更好地指导学生学习。

（3）教学内容优化。大数据分析可以帮助学校和教师对教学内容进行分析和优化，制订出更加科学、合理的教学计划和教学资源分配方案。

（4）学生行为管理。利用大数据分析技术，可以对学生的行为进行分析，如学习习惯、出勤情况等，从而有针对性地对学生进行行为管理和干预，促进学生更好地学习和成长。

（5）教育决策支持。大数据分析可以帮助教育管理部门进行决策，提高教育政策的科学性和针对性，从而提高整个教育系统的水平。

大数据技术在教育领域的应用可以为学生提供更加个性化和高效的教育服务，同时为教育管理和决策提供更加科学和有效的支持。

五、虚拟现实技术

（一）虚拟现实技术的定义

虚拟现实技术（virtual reality，VR），又称"灵境技术"，是 20 世纪发展起来的一项全新的实用技术。虚拟现实技术是融合立体显示技术、场景建模技术和自然交互技术等多种技术于一身的综合性技术，借由虚拟环境模拟出真实世界中的视觉、听觉和触觉等效果，并借助计算机、传感器等人机交互手段实现自然交互。发展至今，广义上的虚拟现实技术除了狭义的 VR 以外，还包括 AR（augmented reality，增强现实）和 MR（mixed reality，混合现实），三者合称"泛虚拟现实"。本节中的虚拟现实技术指广义上的虚拟现实技术，包括 VR、AR 和 MR。[①]

虚拟现实技术是一种通过计算机技术模拟真实场景并进行交互的技术，用户可以通过穿戴设备（如头戴式显示器、手套、手柄等）进入虚拟世界，并在其中进行各种操作和体验。虚拟现实技术可以应用于多个领域，例如游戏、娱乐、教育、医疗、军事、建筑等。

（二）虚拟现实技术的特征

（1）模拟真实场景。虚拟现实技术通过计算机技术和图形学等手段模拟真实场景，使用户可以身临其境地感受虚拟世界中的环境和景象。

---

① 吴少鸿，李文浩. 虚拟现实技术专利分析［J］. 中国科技信息，2022（20）：15 - 18.

（2）交互性。交互性是指用户在模拟环境中操作对象的程度，以及从环境中接收反馈的自然程度。当用户进入虚拟空间时，相应的技术允许用户与环境进行交互。当用户执行某些操作时，周围的环境也会作出响应。如果用户在虚拟空间中接触物体，他们应该能够在手上感觉到。如果用户对对象进行操作，其位置和状态也应该发生变化。

（3）多感知性。多感知性是指计算机技术具有许多感知模式，如听觉、触觉、嗅觉等。理想的虚拟现实技术应该具有人类的所有感知功能。由于相关技术，特别是传感技术的局限性，目前大多数虚拟现实技术只具有视觉、听觉、触摸和运动等感知功能。

（4）构想性。构想性体现在允许用户在虚拟空间中与周围物体互动，拓宽认知范围，创造客观世界中不存在或不可能发生的场景或环境。其概念可以被理解为用户进入虚拟空间，根据自己的感官和认知能力吸收知识，发散和扩展思维，创造新的概念和环境。

（5）自主性。它指的是虚拟环境中的物体根据物理定律作用的程度。当被大力推动时，物体会沿着力的方向移动、翻转或从桌面坠落到地面。

（三）虚拟现实技术的应用

虚拟现实技术可以应用于多个领域，例如：

（1）游戏和娱乐。虚拟现实技术在游戏和娱乐领域的应用最为广泛，用户可以穿戴虚拟现实头戴式显示器等设备，进入虚拟游戏世界，获得身临其境的游戏体验。

（2）教育和培训。虚拟现实技术可以用于模拟各种教育和培训场景，例如模拟机场、医院、工厂等场景，让学习者可以在虚拟环境中体验和学习。

（3）建筑和设计。虚拟现实技术可以用于建筑和设计领域，例如在建筑设计中，可以使用虚拟现实技术进行建筑模型的展示和修改，以提高效率和减少成本。

（4）医疗和健康。虚拟现实技术可以用于医疗和健康领域，例如用于模拟手术操作、康复训练等，可以帮助医生和患者更好地进行医疗和康复。

（5）军事和安全。虚拟现实技术可以用于军事和安全领域，例如模拟战场环境、训练作战技能等，可以提高训练效率和降低风险。

（6）艺术和文化。虚拟现实技术可以用于艺术和文化领域，例如在博物馆中使用虚拟现实技术，让观众可以身临其境地欣赏历史文物和艺术品。

虚拟现实技术还可以用于其他领域，例如旅游、体育、媒体等，具有广泛的应用前景。

六、人工智能

（一）人工智能的定义

人工智能（artificial intelligence，AI）是一种模拟人类智能的技术，旨在使计算机系统能够模仿人类的思维和行为方式，以完成人类智力可以完成的各种任务。人工智能是一种通过计算机程序和算法来实现自主思考、自主决策、自主行动和自我学习的技术。

人工智能技术可以分为弱人工智能和强人工智能两类。弱人工智能是指通过预设的规则和算法实现特定任务的智能，例如机器翻译、语音识别等；强人工智能是指具有普适性和自我学习能力，可以在各种任务中进行自主决策和学习，从而实现类似人类思考的智能。

（二）人工智能在教育领域的应用

（1）教学辅助工具。人工智能可以为教师提供一些辅助工具，例如教学计划生成器、题目生成器、作业评估器等，以提高教学效率和减轻教师的工作负担。

（2）个性化学习。人工智能可以通过分析学生的学习行为和数据，提供个性化的学习建议和指导，以适应每个学生的独特需求和学习风格。

（3）自适应学习环境。人工智能可以根据学生的能力和学习进度自动调整学习内容和难度，创造适合每个学生的学习环境，提升学习效率和效果。

（4）自动化评估和反馈。人工智能可以使用自然语言处理技术自动分析和评估学生的作业、论文和测试答案，并提供及时和具体的反馈，从而帮助学生快速改进。

（5）课程优化。人工智能可以通过分析学生的学习数据和反馈信息，优化课程设置和教学内容，提升教学质量和效果。

（6）数据分析和预测。人工智能可以通过分析学生的学习数据和行为模式，帮助教育工作者预测学生的未来学习情况和需求，从而提前采取措施来帮助学生。

七、区块链

(一) 区块链的定义

区块链 (blockchain) 是一种去中心化的分布式数据库技术,可以用于记录各种交易和事件,并且可保证数据的安全、透明和不可篡改。它由多个区块组成,每个区块都包含前一个区块的哈希值、时间戳和交易记录等信息,形成一个不断增长的链式结构,因此被称为"区块链"。

(二) 区块链的特点

(1) 去中心化。区块链网络没有中心化的机构或管理者,所有节点都平等参与,保证数据的公开和透明。

(2) 分布式存储。区块链数据分布在所有节点上,每个节点都保存全部或部分的数据,保证数据的安全和备份。

(3) 不可篡改。区块链上的数据一旦被记录,就无法修改或删除,保证数据的真实性和完整性。

(4) 高度安全。区块链使用加密算法保证数据的安全性,同时通过共识机制保证数据的一致性。

(三) 区块链的应用

(1) 数字货币。区块链技术最著名的应用就是比特币等数字货币的发行和管理,通过去中心化和加密等技术保证货币的安全与匿名性。

(2) 供应链管理。区块链可以实现供应链上的物流、质量、食品安全等信息的追溯和监管,提高供应链的透明度和信任度。

(3) 投票和民主决策。区块链可以实现匿名和安全地投票及民主决策,保证投票的公正和透明。

(4) 数据存储和分享。区块链可作为分布式存储和分享数据的平台,实现安全、高效和去中心化的数据交换和共享。

(5) 版权保护。区块链可以记录知识产权的所有者、使用者和转让记录等信息,保护其合法权益。

(四) 区块链在教育领域的应用

区块链可以在教育领域发挥多种作用,如:

（1）学生课程管理。区块链可以用于记录学生的选课和课程学习情况，实现学生学习过程的跟踪和监督。这样可以提高学生学习的效率和质量，促进个性化教育和学习路径的优化。

（2）学历认证。区块链可以用于记录学生的学历、成绩和证书等信息，并保证其真实性和不可篡改性。这样可以避免学历造假和学生信息的泄露等问题，提高学历认证的可信度和效率。

（3）学生档案管理。区块链可以用于记录学生的个人信息、成绩、评价和荣誉等信息，并实现跨学校、跨地区、跨国界的信息共享和传递。这样可以提高学生档案管理的效率和安全性，促进教育评价的公正和透明。

（4）教育资源共享。区块链可以作为分布式存储和分享教育资源的平台，实现安全、高效和去中心化的教育资源共享。这样可以提高教育资源的可及性和共享程度，促进教育资源的创新和优化。

（5）教学质量评估。区块链可以用于记录学生的教学评价和教师的教学日志，实现教学质量的评估和监督。这样可以提高教学质量的透明度和可控性，促进教学改进和优化。

为提高效率，真正实现区块链在教育领域的应用需要建立相应的区块链平台和数据标准，并解决数据隐私和安全等问题。

第二节　数字技术技能

数字技术技能是指人们在数字化环境中获取、处理和交流信息所需的能力与技能。它包括使用计算机、网络和移动设备等数字工具来完成各种任务的能力，如搜索、浏览、编辑和共享信息，以及使用应用程序和软件来处理数据、制作媒体、设计图形等。数字技术技能还包括了解网络安全、隐私保护和数字伦理等方面的知识，以及解决技术问题、进行技术创新和与他人合作的能力。

数字技术技能通常包括以下方面的内容：

（1）计算机基础知识。包括计算机硬件和软件、操作系统、网络和互联网基础、计算机语言等方面的基础知识。

（2）数据处理技能。包括使用电子表格、数据库和数据可视化工具等进行数据管理、分析和呈现的技能。

（3）生产力工具使用技能。包括使用办公软件、图形处理工具、音频和视频编辑工具等进行创作和生产的技能。

（4）编程和应用开发技能。包括编写脚本、编写程序、应用开发等方面的技能。

（5）信息管理和搜索技能。包括信息检索、信息筛选和管理、知识管理等方面的技能。

（6）数字安全和隐私保护技能。包括了解网络安全、隐私保护和数字伦理等方面的知识和技能。

（7）数字沟通和协作技能。包括使用社交媒体、邮件、即时通信工具、在线协作平台等进行沟通和协作的技能。

（8）技术解决问题能力。包括解决技术问题的能力、进行技术创新的能力和学习新技术的能力。

数字技术技能在教育领域的应用，主要体现在以下方面：

（1）数字化课堂。包括使用数字技术来创建和交付教学内容，例如电子白板、在线课程、教育应用程序等。

（2）学习管理系统。包括使用学习管理系统和学生信息管理系统来管理学生信息、课程安排、作业和考试等。

（3）虚拟学习。包括使用虚拟现实技术和在线学习平台来创建和提供更具互动性的学习体验，例如虚拟实验室、在线实时教学等。

（4）学生评估。包括使用数字技术来评估学生的学习成果和表现，例如在线测验、自动评估系统等。

（5）教学设计。包括使用数字技术来设计和开发教学内容，例如多媒体教学、游戏化教学等。

（6）个性化学习。包括使用数字技术来提供更加个性化的学习体验，例如使用学习分析和数据挖掘技术来识别学生的学习需求和兴趣，从而进行个性化的学习推荐和定制。

（7）远程教育和在线学习。包括使用数字技术来实现远程教育和在线学习，例如视频会议、网络研讨会等。

（8）数字素养教育。包括将数字技术技能纳入教育教学的各个方面，以帮助学生获取和发展数字技术技能。

随着技术的不断发展和创新，数字技术技能在教育中的应用也将不断更新和扩展。

第四章 文本信息的加工与处理

第一节 文本的获取

一、文本的概念

文本是指书面语言的表现形式，从文学角度说，通常是具有完整、系统含义（message）的一个句子或多个句子的组合。一个文本可以是一个句子（sentence）、一个段落（paragraph）或者一个篇章（discourse）。广义的"文本"指由书写所固定下来的任何话语。狭义的"文本"则指由语言文字组成的文学实体，代指作品，相对于作者、世界构成一个独立、自足的系统。

二、文本文档

1. 计算机的一种文档类型

该类文档主要用于记载和储存文字信息，而不是图像、声音和格式化数据。常见的文本文档的扩展名有 .txt、.doc、.docx、.wps 等。

2. 数据单位

计算机存储数据时的最小单位是位（bit），一个位可以存储一个二进制数。存储数据的基本单位是字节（Byte），简记为 B。规定一个字节等于 8 个位，即 1 Byte = 8 bit。一个字节可以保存一个英文字符，一个汉字要占用两个字节。计算机的存储器是以字节为单位，每个字节都有一个地址编码，通过地址找到某个字节来存取数据。由于二进制的原因，存储容量的倍数用"千"表示，"千"等于 1 024。

8 bit = 1 Byte 一字节

1 024 B = 1 KB（Kilobyte）千字节

1 024 KB = 1 MB（Megabyte）兆字节

1 024 MB = 1 GB（Gigabyte）吉字节

1 024 GB = 1 TB（Terabyte）太字节

1 024 TB = 1 PB（Petabyte）拍字节

3．文本信息

在计算机中，文字和数值都是用二进制编码表示的，文字信息、数值信息、符号信息统称为"文本信息"。

对于具备中英文处理能力的计算机来说，文本信息则主要由 ASCII 码表所规定的字符集（包括字母、数字、特殊符号等）和汉字信息交换码所规定的中文字符集中的字符组合而成，习惯上把前者称为"西文字符"，而把后者称为"中文字符"。计算机处理文字信息的过程主要包括输入、编辑、存储、输出等。

4．中文字符

中文字符（即汉字）是指由汉字信息交换码所规定的中文字符集，全称为《信息交换用汉字编码字符集》，是我国国家标准总局于 1981 年 5 月 1 日实施的，也称为"国标码集"，其国家标准号为 GB2312－80，共收入了 6 763 个汉字、682 个数字和图形符号，并规定一个汉字的编码用两个字节表示，称此编码为"汉字内码"。《信息交换用汉字编码字符集基本集的扩充》（国标 GB18030－2000）收录了 27 000 个汉字。

中文字符处理的过程：首先将所有的汉字在给定的方格内绘制出点阵图像，然后按照 0 和 1 矩阵形成字节编码，最后将所有汉字的点阵字节编码按照其在汉字码表中的位置顺序存放，形成汉字点阵字库。

5．常用文本文件存储类型（见表 4－1）

表 4－1 常用文本文件存储类型说明表

文件类型	说明	用途
.txt	纯文本文件	用于保存简单的文字内容
.rtf	跨平台格式文本	用于在应用程序间传输带格式文字文档的文件类型，即使应用程序在不同的平台（如 IBM 和 Macintosh）上运行，也可以实现文件交换
.doc	MS Word 文件	用于保存 Windows 平台的 Word 文件
.wps	金山 WPS 文件	用于保存 Windows 平台的 WPS 文件

（续上表）

文件类型	说明	用途
. htm/html	静态超文本文件	用于保存 Web 静态网页等
. asp	动态超文本文件	用于保存支持 asp 功能的动态网页
. aspx	动态超文本文件	用于保存支持 asp. net 功能的动态网页
. php	动态超文本文件	用于保存支持 php 功能的动态网页
. js	脚本超文本文件	用于保存 javascript 脚本文件
. css	超文本样式文件	用于以超文本格式保存网页样式定义

6. 数字化

（1）对数字化的理解。

解释一：数字化就是将许多复杂多变的信息转变为可以度量的数字、数据，再以这些数字、数据建立起适当的数字化模型，把它们转变为一系列二进制代码，引入计算机内部，进行统一处理，这就是数字化的基本过程。

解释二：数字化将任何连续变化的输入，如图画的线条或声音信号，转化为一串分离的单元，在计算机中用 0 和 1 表示。通常用模数转换器执行这个转换。

（2）信息数字化后所具有的优点。

①易于表示和存储；②易于处理和检索；③易于传播和集成；④易于获取和共享。

三、常用的文本信息处理软件

（一）WPS 文字处理软件

WPS（word processing system），中文为文字编辑系统，是金山软件公司的一种办公软件（如图 4 - 1 所示）。它集编辑与打印为一体，具有丰富的全屏幕编辑功能，而且还拥有各种控制输出格式及打印功能，使打印出的文稿既美观又规范，基本上能满足各界文字工作者编辑、打印各种文件的需求。

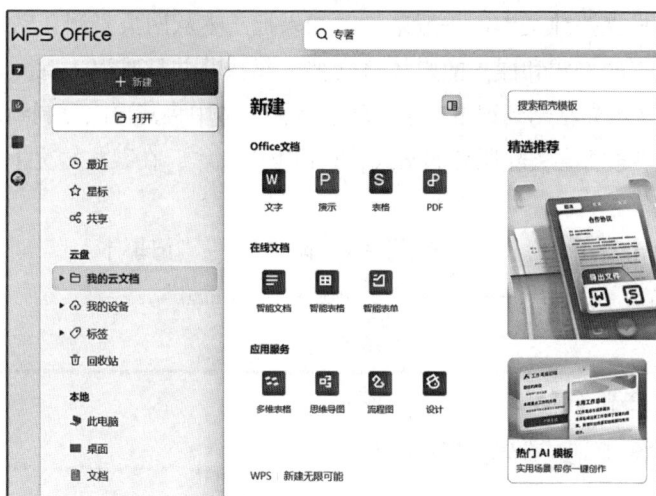

图 4 - 1

（二）Word

Word 即 Office 软件组之一的 Microsoft Word（如图 4 - 2 所示）。Microsoft Word 是微软公司的一个文字处理器应用程序。它是一款办公软件，支持对文字进行编辑和排版，让用户可以制作出满意的文档，能够大大减轻用户的工作压力。Word 能够帮助用户节省时间，文稿排版效果优雅美观。一直以来，Word 都是最流行的文字处理程序。作为 Office 套件的核心程序，Word 既提供了许多易于使用的文档创建工具，也提供了丰富的功能集以创建复杂的文档。

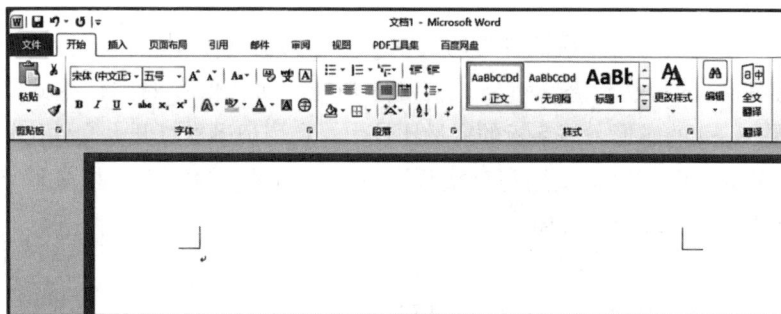

图 4 - 2

（三）记事本

记事本是电脑操作系统自带的文本文档编辑器（如图 4 - 3 所示）。记事本的特点是只支持纯文本。一般来说，如果把文本从网页复制并粘贴到文字处理软件中，它的格式和嵌入的媒体将会被一起粘贴并且难以去除。但是，如果将这样一个文本先粘贴到记事本中，然后从记事本中将其再次复制到最终需要的软件里，记事本将会去除所有的格式，只留下纯文本，在某些情况下相当有用。

打开方法：

（1）单击"开始"→"程序"→"附件"→"记事本"。

（2）单击"开始"→"运行"→输入"notepad"。

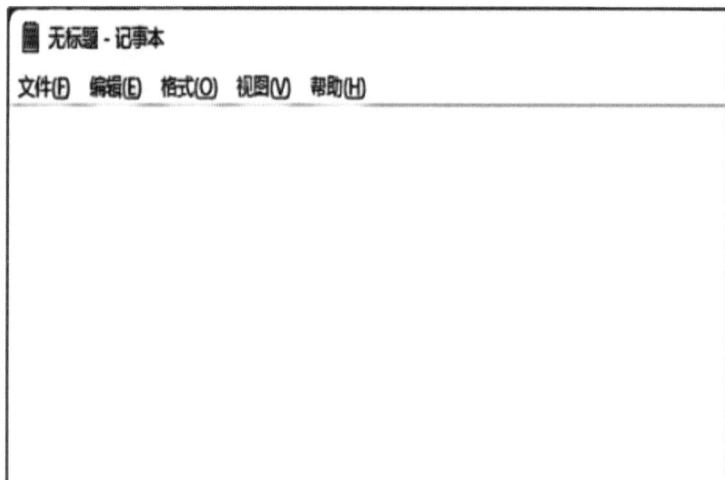

图 4 - 3

（四）写字板

写字板是电脑操作系统自带的文本文档编辑器（如图 4 - 4 所示）。写字板具有 Word 的最初形态，有格式控制等功能，而且保存的文件格式默认是 .rtf，是 Word 的雏形。写字板的容量比较大，在用记事本打开大文件比较慢或者打不开的时候可以尝试用写字板程序打开。同时，写字板支持多种字体格式，操作使用比较简单方便。

打开方法：

（1）通过"搜索"打开"写字板"。

在 Windows 10 搜索框（任务栏左下角）中输入"写字板"。然后，在搜索结果中，单击"写字板"。

（2）从"开始菜单"打开"写字板"。

单击"开始"菜单，展开 Windows 附件"文件夹"，从中选择"写字板"。

（3）通过"运行"打开写字板。

单击"开始"菜单，然后单击"运行"，在运行框里输入"WordPad"，点击"确定"打开写字板。

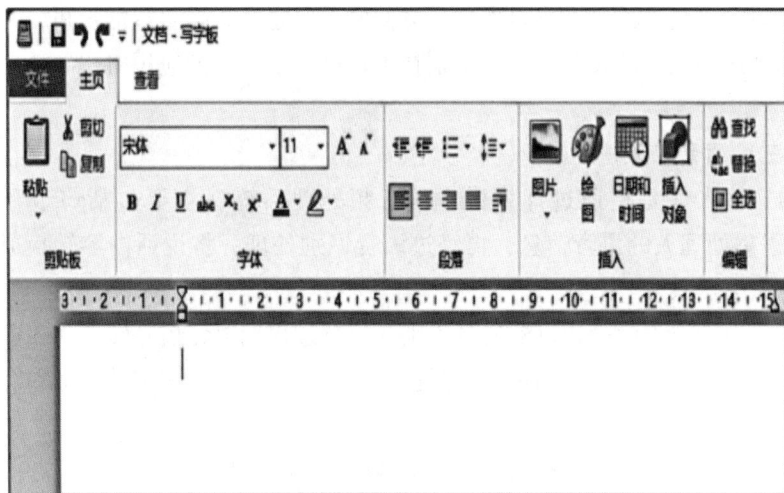

图 4 - 4

四、文本信息采集方法

（一）键盘输入法

输入法包括键盘输入法、手写输入法和语音输入法等，其中键盘输入法是主要的输入方法。通过键盘，可直接输入英文信息；中文信息输入则通过不同的中文输入编码来完成。

键盘输入法按编码原理可分为以下三种：

（1）音码输入法，如：全拼、智能 ABC、谷歌输入法、搜狗输入法、智能狂拼、QQ 输入法等。

（2）形码输入法，如：五笔输入法、郑码输入法等。

（3）音形码输入法，如：二笔输入法、自然码输入法、一笔输入法等。

（二）手写输入法

手写输入法是一种非常人性化的中英文输入法，适合不习惯键盘操作的人群和没有标准英文键盘的场合。

手写识别是指将在手写设备上书写时产生的有序轨迹信息转化为汉字内码的过程，实际上是手写轨迹的坐标序列到汉字内码的一个映射过程。手写输入法需要配套的硬件手写板，在配套的手写板上用笔（可以是任何类型的硬笔）来书写录入汉字，不仅方便、快捷，而且错字率比较低。

手写输入是人机交互最自然、最方便的手段之一。随着智能手机、平板电脑等移动通信工具的普及，手写识别技术也进入了大规模应用时代。

（三）语音输入法

语音输入法是指通过计算机中的音频处理系统（主要包括声卡和麦克风），采集处理人的语音信息，再经过语音识别处理，将说话内容转换成对应的文字完成输入。

语音识别技术就是让机器通过识别和理解过程把语音信号转变为相应的文本或命令的技术。语音识别技术主要包括特征提取、模式匹配及模型训练三个方面。

语音输入法主要有两种途径：①电脑软件；②手机软件。

（四）OCR 输入法

OCR 输入法是指用扫描仪将印刷文字以图像的方式扫描到计算机中，再用 OCR 文字识别软件将图像中的文字识别出来，并转换为文本格式的文件，完成文本信息的输入。

（五）通过网络获取

打开网页，鼠标点击文本开头，再按住键盘上的 Shift 键不放，点击文本结尾，此时就可以选择从开头至结尾的所有文本，按 Ctrl + C 键进行复制（或者在选择文本的上面鼠标右键，点选"复制"）即可。

（六）PPT 中的文字获取

使用"文件"菜单中的"导出"，选择"讲义"，其中的"只使用大纲"模式就可以将 PPT 中所有文字提取到 Word 中。

（七）智能手机识别（如图 4 - 5 所示）

1. 手机自带"识别"

打开手机中的"扫一扫"，切换到"翻译"功能，将手机上方的语种调换成"中文—中文"。调整好后，对准需要识别的文字，手机将会自动识别，然后点击"翻译"，就可以提取出所要识别的文字，点击"复制"，再将其粘贴到备忘录和文本工具中即可。

2．微信识别

打开一个微信聊天框，选择一张带有文字的图片，长按图片，点击"提取文字"。提取文字后，点击左下角的全选功能，可以任意选择"转发""复制""收藏"，将文字复制到备忘录即可。

3．小程序识别

打开微信"发现"页面，在小程序搜索框中输入"图文识字"，点击"传图识字"→"开始拍摄"→"选择图片文字区域"→"提取文字"→"复制"即可。

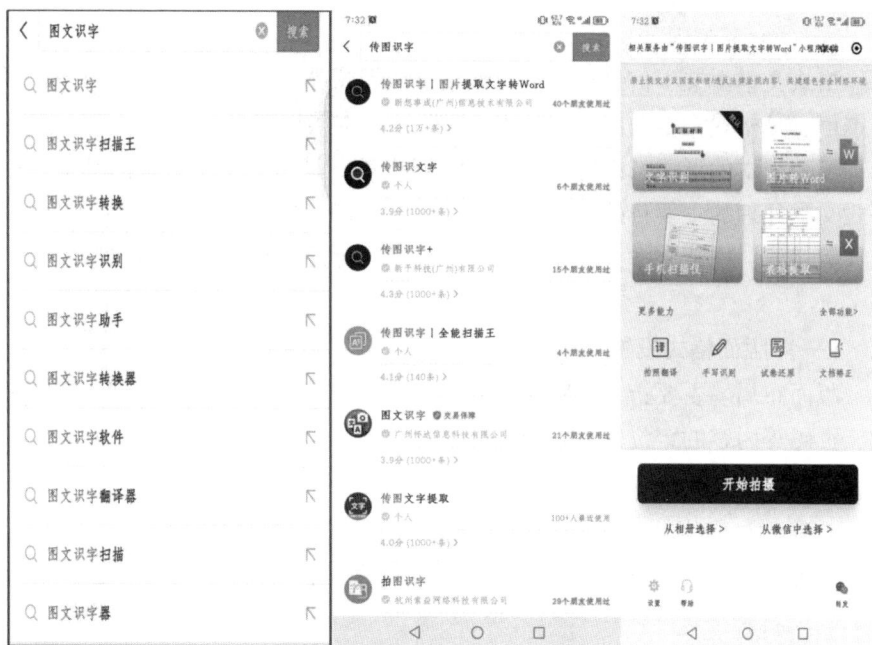

图 4 - 5

4．文字识别 App

在手机中打开文字识别 App，选择需要识别文字的图片，即可快速进行内容识别，识别成功后可以纠错、复制以及进行排版整理。

（八）浏览器识别

使用具有文字识别功能的浏览器可以对图片中的文字进行识别提取。

具体操作如下：

打开具有文字识别功能的浏览器，选择"实用工具"→"提取文字"→"相册导入"，调整方框位置选择要识别的文字区域，点击"确定"，在打开的页面中就可以复制提取出来的文字了。

第二节　文本的加工处理

一、格式文本处理

格式文本由文本信息、文本属性信息以及文本版面信息三部分内容组成。文本信息是格式文本的内容，是主体部分；文本属性信息、版面信息是用来表现和反映文本的形式。内容与形式的适当搭配，是格式文本处理的基本要求。格式文本处理的主要目的是出版发行（包括打印、电子发行等）。除了创意和设计风格外，格式文本处理在技术方面有以下几方面的基本内容：

（一）版面格式设置

版面布局：主要指文本版面的上、下、左、右四周的边距，以及页眉、页脚、页码等内容的定位，最后确定可排版的版心区域（如图4-6所示）。

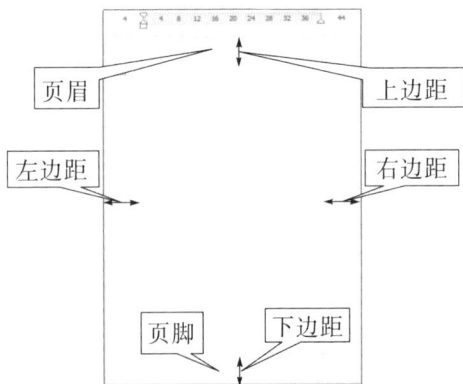

图4-6

（二）试卷页面设置

例如，将纸张大小为 A4 的一份试卷（共 4 页）排版成 A3 纸版面（2 页），排版前后效果如图 4 – 7、图 4 – 8 所示：

图 4 – 7

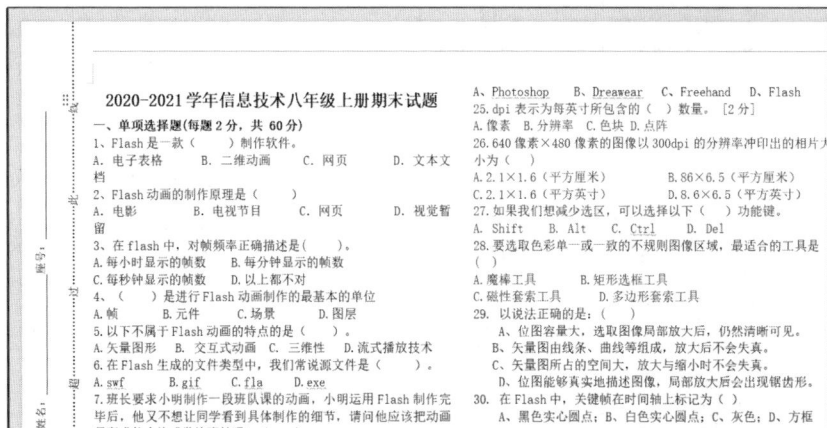

图 4 – 8

【操作方法】

（1）打开一个纸张大小为 A4，且有 4 页内容的试卷文档。

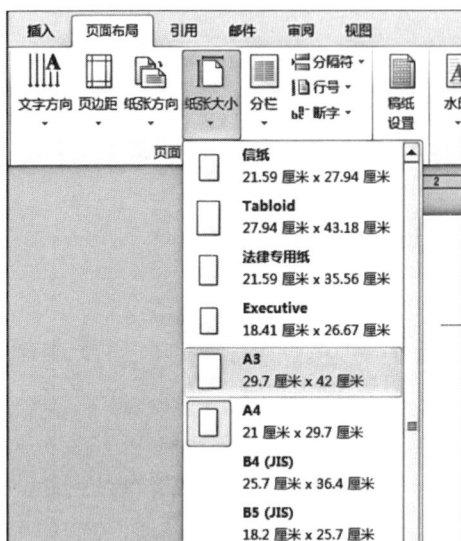

图 4 – 9

（2）操作步骤：

第一步，设置纸张大小（如图 4 – 9 所示）。"页面布局"→"纸张大小"A3（29.7 厘米×42 厘米）。

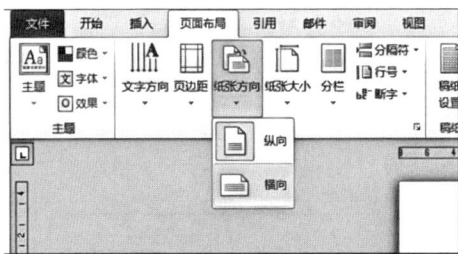

图 4 – 10

第二步，设置纸张方向（如图 4 – 10 所示）。"页面布局"→"纸张方向"→"横向"。

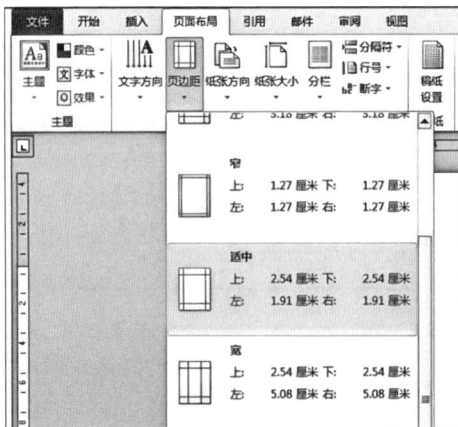

图 4 – 11

第三步，设置页边距（如图 4 – 11 所示）。"页面布局"→"页边距"→"适中"。

第四步，全选文档内容（如图4-12所示）。"开始"→"选择"→"全选"（提示：也可以直接按快捷键 Ctrl + A 全选文档内容）。

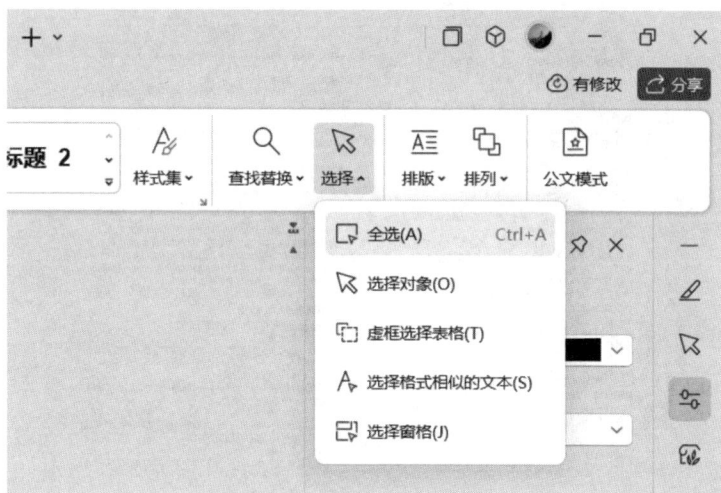

图4-12

第五步，分栏（如图4-13所示）。"页面布局"→"分栏"→"两栏"。

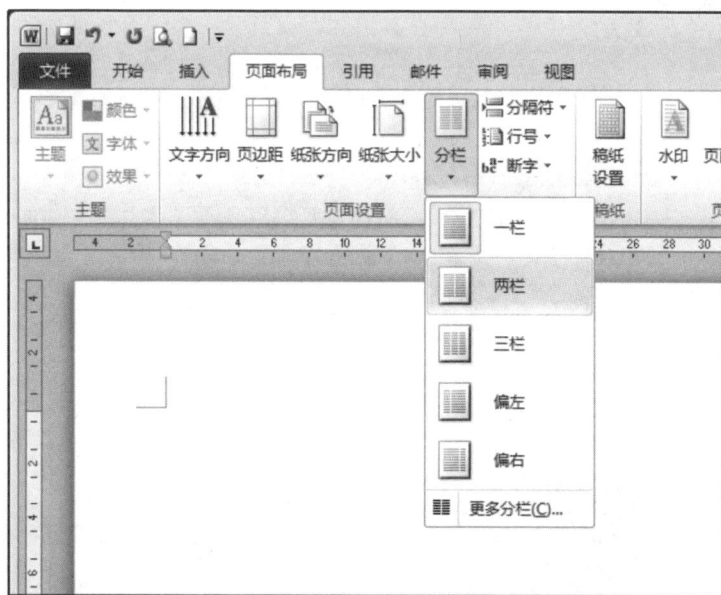

图4-13

第六步，分栏后的效果如图 4 - 14 所示。

图 4 - 14

（3）考试基本信息输入。

在试卷第一页的左侧添加密封栏（含学生姓名、座号、班别等信息）（如图 4 - 15 所示）。

图 4 - 15

操作要点提示：

①修改页边距，将左边距调整大一些，如：将其设置为 5 厘米；

②在第一页左边距位置绘制一文本框，输入密封栏信息；

③选中录入的文本，单击右键，选中"文字方向"，更改文字方向；

④隐藏所绘制文本框的轮廓（将其形状轮廓颜色设置为无色）。

（三）自定义纸张设置

如果需要自定义纸张大小、页边距，可以打开"页面设置"对话框（如图 4 - 16 所示），通过选择"纸张"标签或"页边距"标签来设置。

图 4 - 16

通常可以通过点击如图 4 - 17 所示的小箭头来打开"页面设置"对话框。

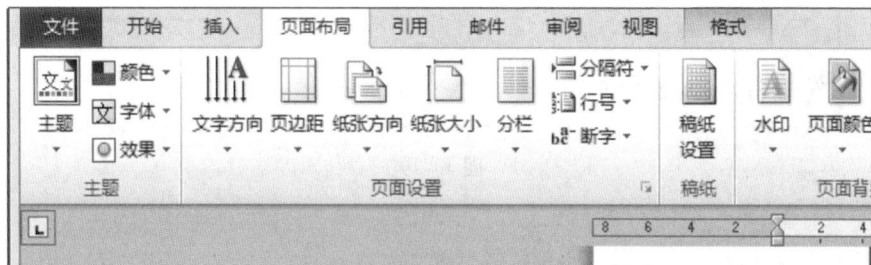

图 4 - 17

如果需要把文档内容分成三栏以上，或调整栏宽度和栏间距，可以通过点击"更多分栏"（如图 4 - 18 所示）并打开"分栏"对话框（如图 4 - 19 所示）来设置。

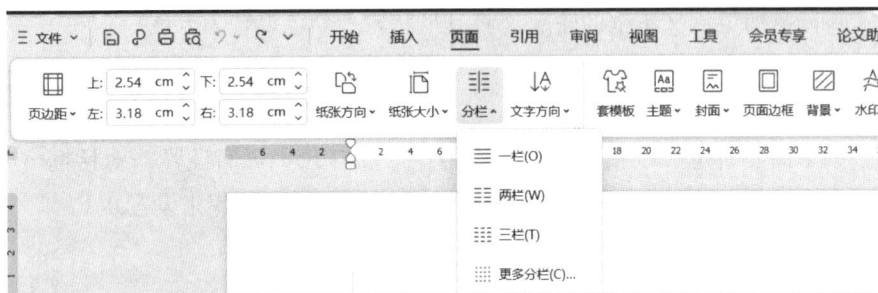

图 4 - 18

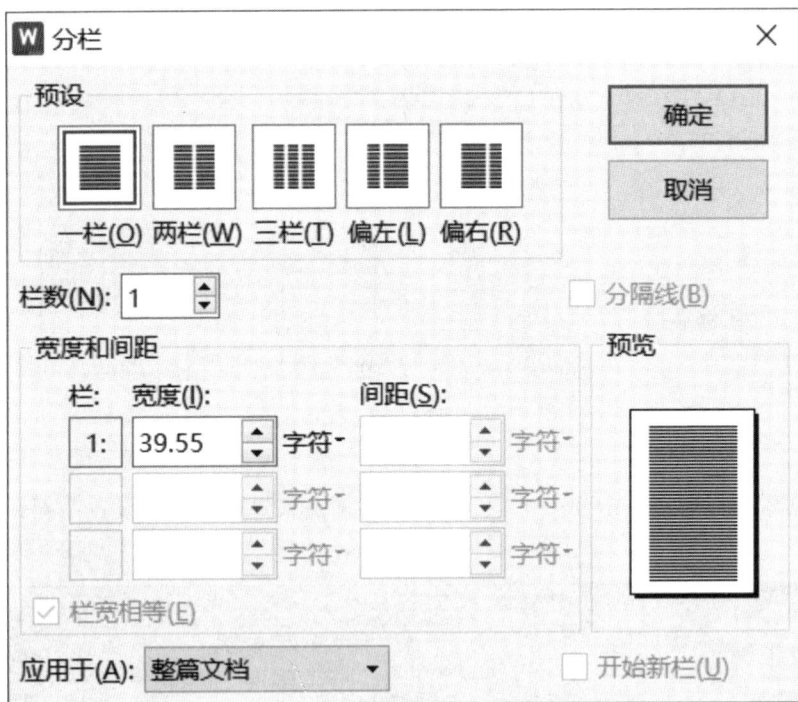

图 4 - 19

二、文字属性设置

文本中的文字属性包括文字的字体（font）、字号大小（size）、风格（style）、对齐（align）、颜色（color）等内容，属性编辑就是通过相应的操作实现对这些属性值的设置和修改。

（一）字体

计算机中的字体由安装的不同字库来提供，通常都安装在 Windows 系统下的 Fonts 目录中。除了英文字体外，Windows 系统还提供了许多中文字体，包括经常看到的宋体、仿宋、华文行楷、微软雅黑、方正舒体、华文中宋、黑体、幼圆、楷体等字体，比较受欢迎的几种字体包括圆黑体、宋体等。以上字体都是比较标准的基础字体，尽管非常普通，但是很实用，通常公文中都会用到这几款字体。

字体选择不仅是一个技术问题，还是一种艺术创意。合适的字体能够更加清楚明了地传递信息，增强学习兴趣和记忆。关于如何选择合适的字体，有以下几点建议：

（1）选择中文字体时，要在考虑艺术性的基础上，结合人的文字使用习惯作出考量，正式场合应用的文本要符合有关标准要求，如试卷、论文、教学设计等文本的字体要按标准设置。

（2）选择英文字体时，应当尽量选择清晰易读的字体，避免使用难以识别的装饰性字体。

（3）同一文本内容应采用尽可能少的字体，在必要时可利用斜体和加粗来调整显示效果；文本块的行间距要调整到令人愉悦的水平，太拥挤会给阅读带来困难，因此通常以 1.5 倍的行距为宜。

（4）文本标题应选择更显眼或者更清晰的字体，可通过改变颜色、增加背景效果、使用阴影样式等凸显标题。

（二）字号

汉字的大小通常用规定大小的字号来描述，分为初号、小初号、一号、二号……八号，初号字最大，八号字最小。西文字符通常则是直接给出字符的大小，以磅（point）为单位，最小字为 5 磅，最大字为 72 磅。磅值越大，字就越大。汉字字号与磅值以及毫米之间的对应关系如表 4-2 所示。

表 4 – 2　汉字字号与磅值以及毫米之间的对应关系

字号	磅值	毫米	字号	磅值	毫米
初号	42	14.82	四号	14	4.94
小初号	36	12.70	小四号	12	4.23
一号	26	9.17	五号	10.5	3.70
小一号	24	8.47	小五号	9	3.18
二号	22	7.76	六号	7.5	2.65
小二号	18	6.35	小六号	6.5	2.29
三号	16	5.64	七号	5.5	1.94
小三号	15	5.29	八号	5	1.74

（三）风格

具体风格选择有：普通、加粗、斜体、下划线、字符边框、字符底纹和阴影等（如图 4 – 20 所示）。

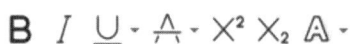

图 4 – 20

（四）颜色

设置有突出显示、字体颜色、字符底纹三大内容，可以根据版面实际需求选择设置表达信息（如图 4 – 21、图 4 – 22 所示）。

图 4 – 21

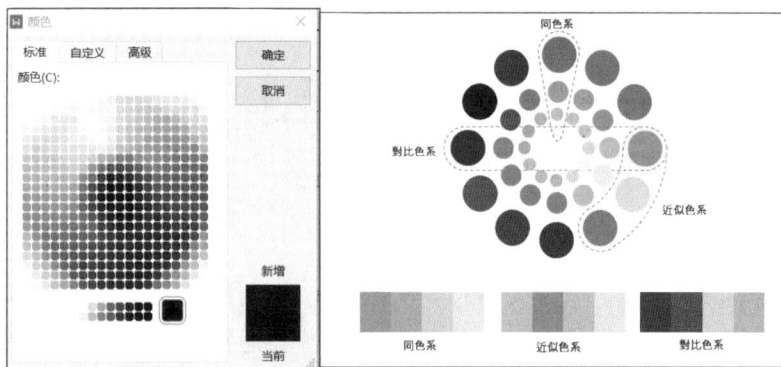

图 4 – 22

不要使用过多的颜色，避免使读者眼花缭乱。相似的颜色可能产生不同的作用；颜色的细微差别可能使信息内容的格调和感觉发生变化。

使用颜色可表明信息内容间的关系，表达特定的信息或进行强调。如果所选的颜色无法明确表示信息内容，则要选择其他颜色。

一些颜色有其约定俗成的含义，例如红色表示警告，而绿色表示认可。可使用相关颜色表达观点，但由于这些颜色可能对不同国家的用户具有不同的含义，须谨慎使用。

具有不同颜色的相同信息可能表达不同的含义。例如，可以使用红色和橙色的文字显著增强单词"hot"的含义；相反，如果使用蓝色文字，该单词的含义就会被弱化。

（五）对齐

文字的对齐主要有：左对齐、右对齐、居中、两端对齐以及分散对齐等设置，使用时根据需要加以选择（如图4－23所示）。

图 4 － 23

在设置文本信息时要注意简洁明了、突出要点，使读者一目了然。

三、非文本内容设置

合理使用和处理如图片、自选图形、表格、数学公式、文本框等非文本内容，不仅可实现版面的文字、图片、表格等表现形式的综合利用，还能将格式文本应用于科技资料处理，增强格式文本的表现力和说服力。

文本版面及文字属性设置虽然是格式文本处理的主要途径和重要内容，但文本内容的正确性、准确性、翔实性、权威性等更为重要。因此，要在保证内容质量的前提下再追求形式的多样，这是任何文本处理的最基本原则。文本处理整体设计的作用如图4－24所示。

图4-24

第三节　查找和替换

一、网上复制文字之手动换行符处理

从网页上复制一段文字到 WPS 文字文档，出现许多灰色向下箭头"↓"（手动换行符）（如图4-25所示），怎样快速地将其全部修改为段落标记?

人工智能(Artificial Intelligence),是一个以计算机科学↓
(Computer Science)为基础，由计算机、心理学、哲学等↓
多学科交叉融合的交叉学科、新兴学科，研究、开发用于↓
模拟、延伸和扩展人的智能的理论、方法、技术及应用系↓
统的一门新的技术科学，企图了解智能的实质，并生产出↓
一种新的能以人类智能相似的方式做出反应的智能机器，↓
该领域的研究包括机器↓人、语言识别、图像识别、自然语↓
言处理和专家系统等

图4-25

【操作方法】

（1）打开一个含有多个手动换行符的文本文档。

（2）操作步骤：

第一步，选择工具栏的"开始"标签，点击左侧的"查找替换"，弹出"查找和替换"对话框，再点击对话框中的"更多"按钮（如图4-26所示）。

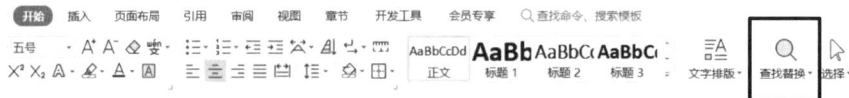

图4-26

第二步，点击"查找内容"输入框，再点击"特殊格式"，选择"手动换行符"（如图 4 – 27、图 4 – 28 所示）。

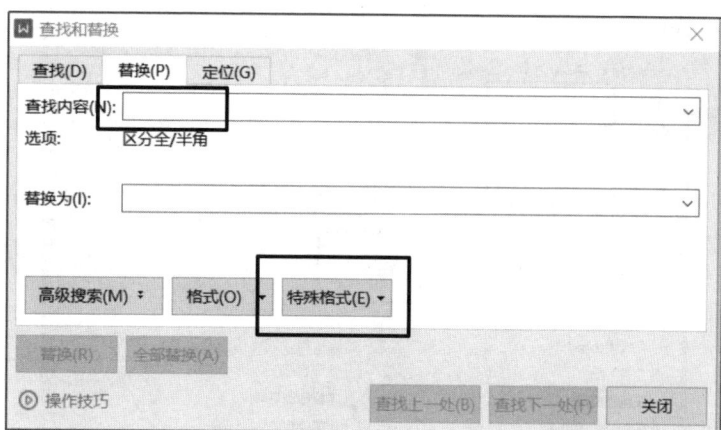

图 4 – 27

图 4 – 28

第三步，将光标移至"替换为"输入框，再点击"特殊格式"，选择"段落标记"，最后点击"全部替换"（如图 4-29、图 4-30 所示）。

图 4-29

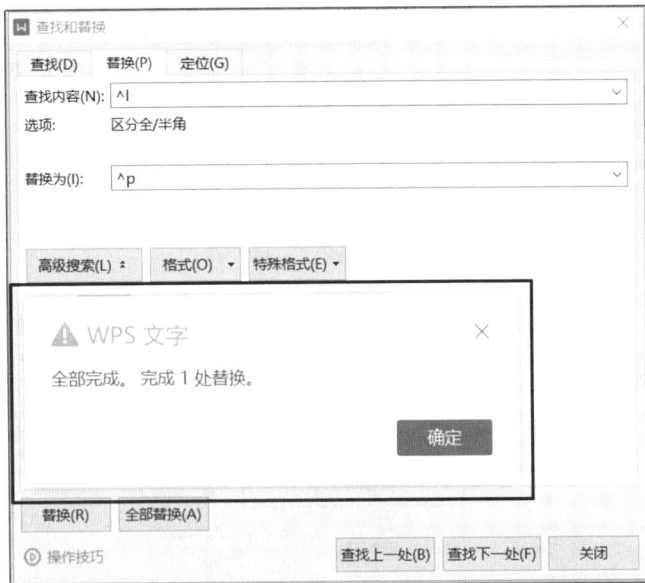

图 4-30

二、查找替换的其他用途

（1）除了替换特殊字符，在文档中如果有多处同一词语（或若干字符）需要修改为另一词语（或若干字符），也可以用"查找和替换"功能。

（2）查找替换时，可以使用通配符。如要查找或替换所有的"教"字开头的词语（教育、教师、教学等），则可以查找"教?"，其中"?"为英文字符。

（3）如果想将查找出来的内容进行标注，可以点击"突出显示查找内容"→"全部突出显示"。

（4）若想快速定位到文档的某一页，以便快速查阅内容，点击"定位"，输入页号，再次点击"定位"，即可跳转到定位页面。

第四节　文字的选择

一、特定区域文字的选择

如何从如图 4-31 所示的文本中，一次选定所有姓名，并将姓名复制到其他文档中？

选定特定区域文本

姓名	性别	出生日期
韦▮▮	女	19980419
王▮▮	女	19980411
袁▮▮	男	20000109
曾▮▮	女	19970624
刘▮▮	男	19970518
赖▮▮	男	19980811
黄▮▮	女	19970330
余▮▮	女	19981119
龙▮▮	女	19980729
阮▮▮	男	19980403

图 4-31

【操作方法】

（1）打开一个含有多段文字的文本文档。

（2）操作步骤：

第一步，按住键盘的 Alt 键不要松开，然后按住鼠标左键圈定所有姓名（如图 4 - 32、图 4 - 33 所示）。

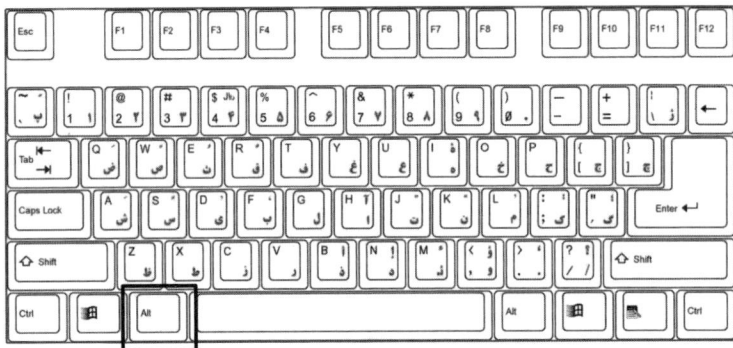

图 4 - 32

选定特定区域文本

姓名	性别	出生日期
韦 ▒▒	女	19980419
王 ▒▒	女	19980411
袁 ▒▒	男	20000109
曾 ▒▒	女	19970624
刘 ▒▒	男	19970518
赖 ▒▒	男	19980811
黄 ▒▒	女	19970330
余 ▒▒	女	19981119
龙 ▒▒	女	19980729
阮 ▒▒	男	19980403

图 4 - 33

第二步，选择工具栏的"开始"标签，点击右侧的"复制"按钮，或直接按快捷键 Ctrl + C 进行复制，如图 4 - 34 所示，也可以用右键菜单选择复制。

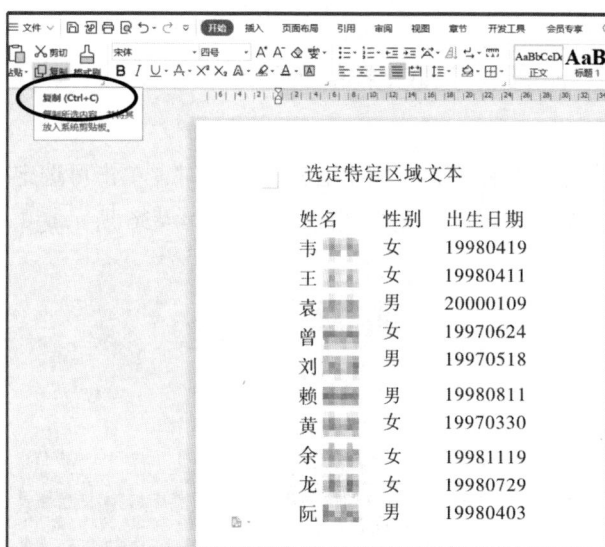

图 4 – 34

第三步，切换到新的文档，选择文本要插入的位置，再点击"开始"标签右侧的"粘贴"，选择"A"（只保留文本），或直接按快捷键 Ctrl + V 进行粘贴，如图 4 – 35 所示，也可以用右键菜单选择粘贴。

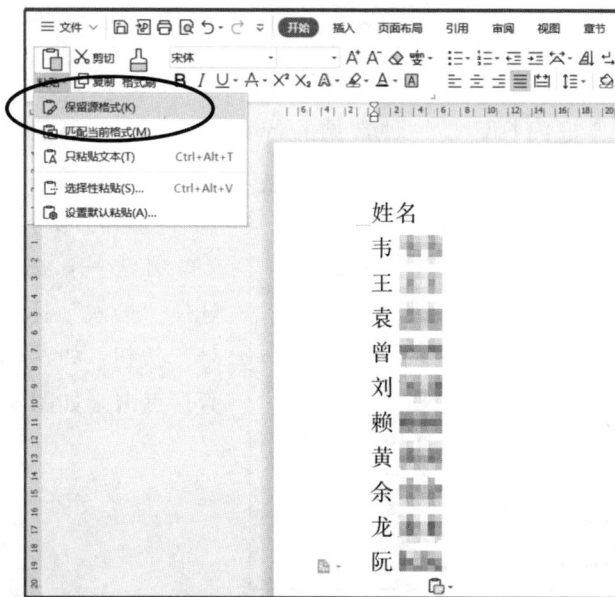

图 4 – 35

二、一行、一段、全部文档的选定

将鼠标放在左边距位置，呈现空心箭头形状时，单击可选定一行，双击可以选定一段，连击三次可以全选文档内容（如图4-36所示）。

教师数字素养指教师适当利用数字技术获取、加工、使用、管理和评价数字信息和资源，发现、分析和解决教育教学问题，优化、创新和变革教育教学活动而具有的意识、能力和责任。教师数字素养框架包括5个一级维度、13个二级维度和33个三级维度。一级维度包括：数字化意识、数字技术知识与技能、数字化应用、数字社会责任，以及专业发展。每个一级维度由若干二级维度组成，每个二级维度由若干三级维度组成。标准将用于对教师数字素养的培训与评价，具体内容包括：能够掌握在教育教学中选择数字化设备、软件、平台的原则与方法；能够运用数字评价工具对学生的学习情况进行分析，应用智能阅卷系统、题库系统、测评系统对学生知识准备、学习能力、学习风格进行分析；能够利用数字技术资源发现学生学习差异，开展针对性指导等。

图4-36

第五节　特殊符号的输入

在相应的方框内打钩是一种常见的特殊符号输入，下面以此为例进行介绍。

【操作方法】

方法一：选定输入位置，选择"插入"标签右侧的"符号"按钮，如看到□☑☒符号则直接点击（如图4-37所示）。

图4-37

方法二：直接通过符号对话框输入 ☑，如图 4 – 38 所示，将字体设置为"Wingdings 2"，即可看到 ☑。或者先输入数字 2611，再选定 2611，按下快捷键 Alt + X，然后松开，2611 即可变成 ☑。

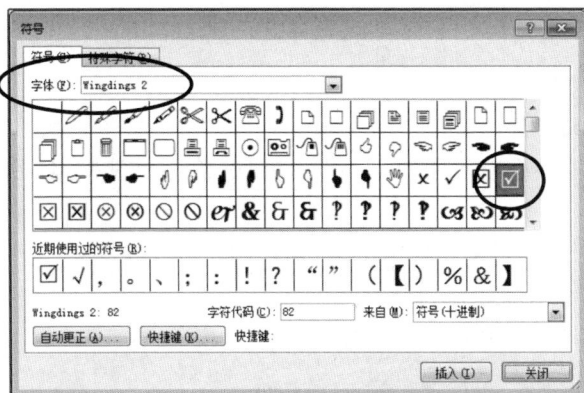

图 4 – 38

方法三：利用输入法输入。如用搜狗拼音输入法输入"gou"，翻页即可找到"√"。还可以在输入法工具栏右键单击"输入方式"按钮，再选择相应的特殊字符类型，如图 4 – 39、图 4 – 40 所示。

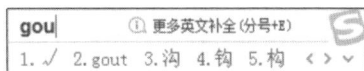

图 4 – 39

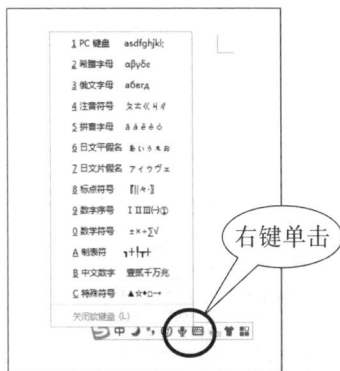

图 4 – 40

第六节　去除水印

一、去除 Word 文件或者试卷中的水印

【操作方法】

（1）打开一个含有水印的 Word 文件或试卷（如图 4 – 41 所示）。

图 4 – 41

（2）操作步骤：

第一步，进入页眉页脚编辑模式。双击页眉位置或页脚位置，即可进入页眉页脚编辑模式（如图 4 – 42 所示）。

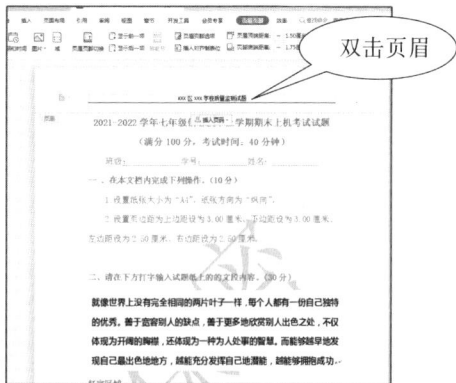

图 4 – 42

第二步，选定水印，删除即可。水印通常是艺术字、文本框、图形、图片，而且会衬于文字下方，直接用鼠标单击可选定。也可以通过选定页眉的段落标记来选定整个页眉的内容（包括水印），然后删除（如图 4 –43 所示）。

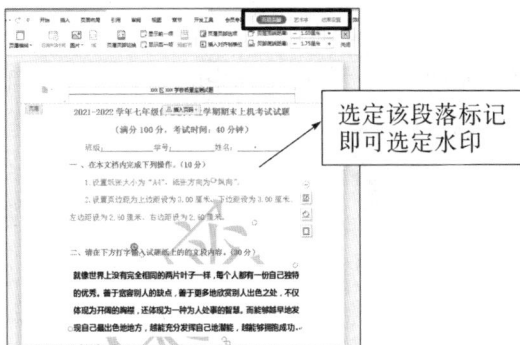

图 4 –43

【温馨提示】

（1）水印是页眉页脚的内容，所以要修改或删除水印，必须进入页眉页脚编辑状态。

（2）水印虽是页眉页脚的内容，但由于它是艺术字、文本框（文字）、图形、图像等可以浮动的对象，可以通过设置它的文字环绕方式（衬于文字下方）之后将其拖出页眉页脚的位置。因此，我们看到的水印通常不在页眉页脚区域。

二、给 WPS 文字文档加上"保密"字样水印

【操作方法】

第一步，选择"插入"菜单。

第二步，选择"水印"→"自定义水印"→"添加"（如图 4 –44 所示）。

第三步，选择"文字水印"，输入"保密"，设置字体、字号、颜色等，点击"确定"。

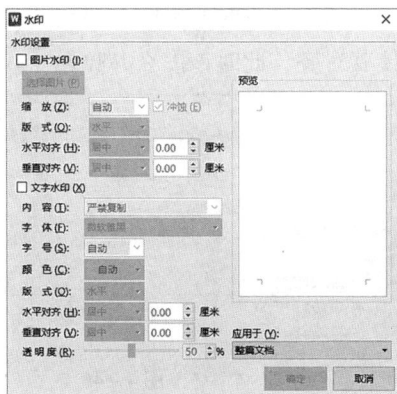

图 4 –44

三、给 WPS 文字文档去掉 "保密" 字样水印

【操作方法】

第一步，选择 "插入" 菜单。

第二步，选择 "水印" → "删除文档中的水印"（如图 4 - 45 所示）。

图 4 - 45

第七节　制表位的应用

试卷排版时，有时会遇到选项不能对齐的情况，用删除空格的方法也不能使其对齐，此时该怎么办呢？

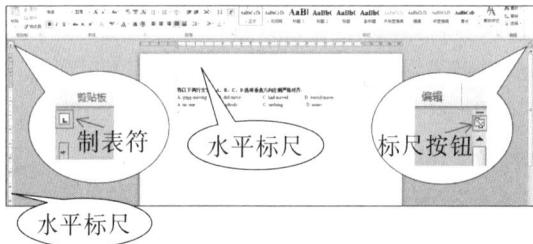

图 4 - 46

【操作方法】

第一步，打开一份需要对齐格式的试卷，一般情况下，标尺默认显示，如果没有显示，可以通过单击 "标尺" 按钮显示制表符、水平标尺、

垂直标尺，如图 4-46 所示。

第二步，设定制表符。设定制表符之前，要先全部选定文档内容（这一步很重要。如果不选定全部内容，则只对光标所在的段落有效）。然后单击水平标尺刻度下方位置（如图4-47 所示），则可添加制表符。如果要删除制表符，按住鼠标左键将制表符拖出标尺即可。我们依次在 10、20、30 三个刻度上添加制表符（如图 4-48 所示）。

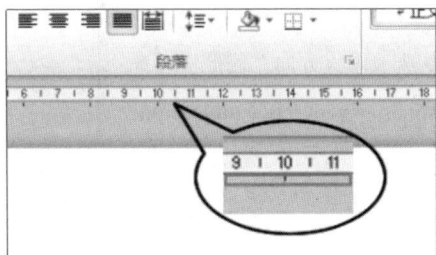

图 4-47

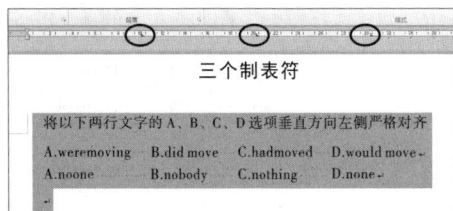

图 4-48

第三步，使用制表符。我们可以先用制表符新增一个选择项行，如图 4-49 所示。录入方法：输入"A.1"，按 Tab 键，输入"B.2"，按 Tab 键，输入"C.3"，按 Tab 键，输入"D.4"。

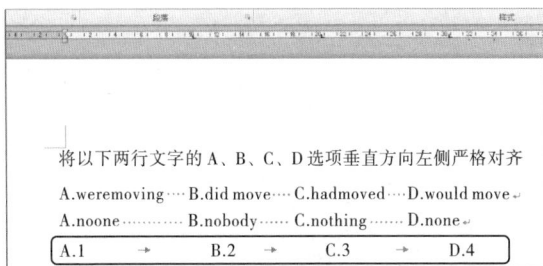

图 4-49

如果要将第一、二行的选项按我们定义的制表位对齐，则只需将如图 4-50 所示的空格依次选定，并用 Tab 键来替换。具体操作为：选定 1 号位置的所有空格，按 Tab 键，然后依次选定 2~6 号位置的所有空格，按 Tab 键。替换后的效果如图 4-51 所示。

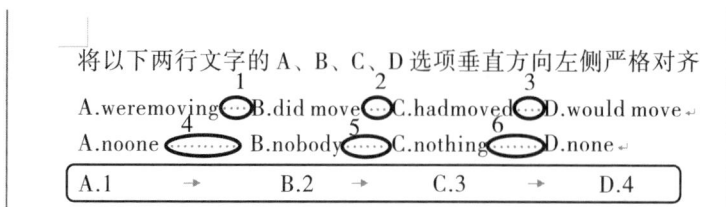

图 4-50

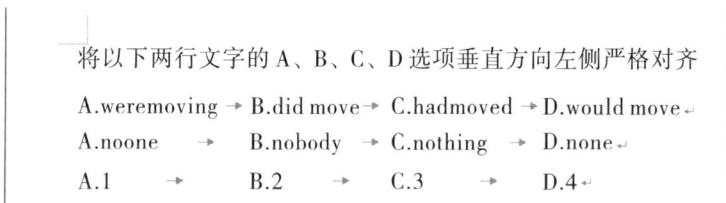

图 4-51

【温馨提示】

制表符有五类（左对齐、居中对齐、右对齐、小数点对齐和竖线对齐），单击制表符按钮可以切换制表符类型（如图 4-52 所示）。一般情况下，默认为左对齐制表符（也是我们最常用的制表符类型），也可以根据需求选择不同的类型。

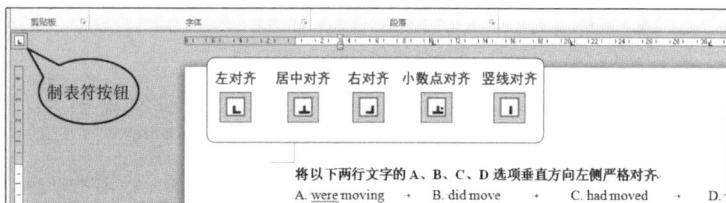

图 4-52

【任务拓展】

如图 4-53 所示，同一文档中有三种不同的选项对齐方式（题 1～3：四个选项排成一行；题 4：四个选项分成两行；题 5：四个选项分四行），请用同一制表符设置来对齐排版，并让题 4 的 B、D 选项和题 1～3 的 C 选项对齐。

1. "信息无时不在，无处不有"，这句话表明了信息具有（　）的特点。
A.多样性　　B.普遍性　　C.变化性　　D.储存性
2.以下哪一项不是信息技术的发展趋势（　）？
A.多元化　　B.无纸化　　C.网络化　　D.智能化
3.名著《三国演义》在图书馆被不同的人借了又借，网上登载的文章
《我们如何应对入世》被数以千计的人们不断地翻阅。这都说明信息
具有（　）的特点。
A.传递性　　B.变换性　　C.共享性　　D.时效性
4.社会发展至今，人类赖以生存和发展的基础资源有（　）。
A.信息、知识、经济　　　　B.物质、能源、信息
C.通讯、材料、信息　　　　D.工业、农业、轻工业
5.下列哪句话不正确？（　）
A.信息不能独立存在，需要依附于一定的载体。
B.如果信息没有价值也就无所谓时效了。
C.信息时效性无论长与短，都可以在长时期内保持有效。
D.同一种信息既可以用这种信号表示，也可以用另一种信号表示。

图 4 - 53

操作要点提示：

（1）先设置 3 个制表符，将标尺 4 等分（我们将题 1 的 A、B、C、D 选项的起始位置标注为 1~4 号位），前 3 题选择项的输入同前面叙述的方法一样。

（2）对于题 4，输入 A 选项后，按两次 Tab 键，光标跳到 3 号位置，输入 B 选项，再按回车键换行，输入 C 选项，按两次 Tab 键，光标跳到 4 号位置，输入 D 选项。

（3）对于题 5，每个选择项独占一段，按回车键输入即可。

第八节　批量打印奖状

在学校学期期末工作总结表彰、班级评优评先、竞赛活动表彰中，发奖状是必不可少的。要在短时间内打印大量的奖状，需要掌握批量打印奖状的方法。

【操作方法】

第一步，点击"邮件合并"。打开奖状模板（Word 文档），选择"引用"工具栏，单击"邮件"（如图 4 - 54 所示）。

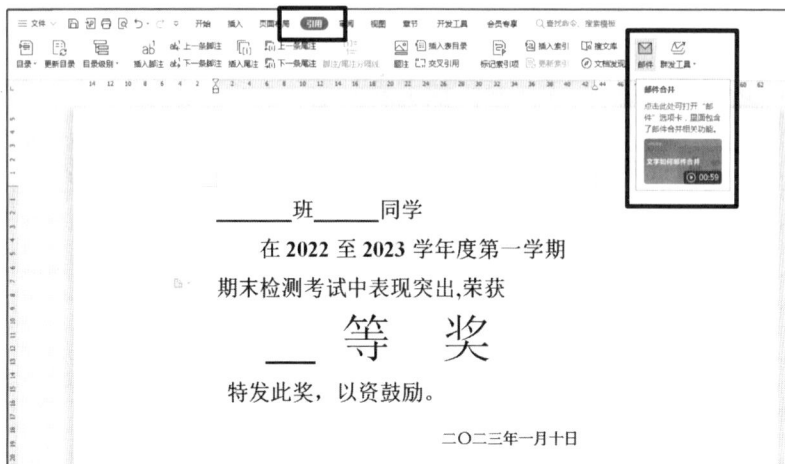

图 4 - 54

第二步，单击"打开数据源"，随即会弹出"选取数据源"对话框，在该对话框中打开准备好的获奖名单文件（Excel 文件），再选定对应的工作表，单击"确定"即可（如图 4 - 55、图 4 - 56 所示）。

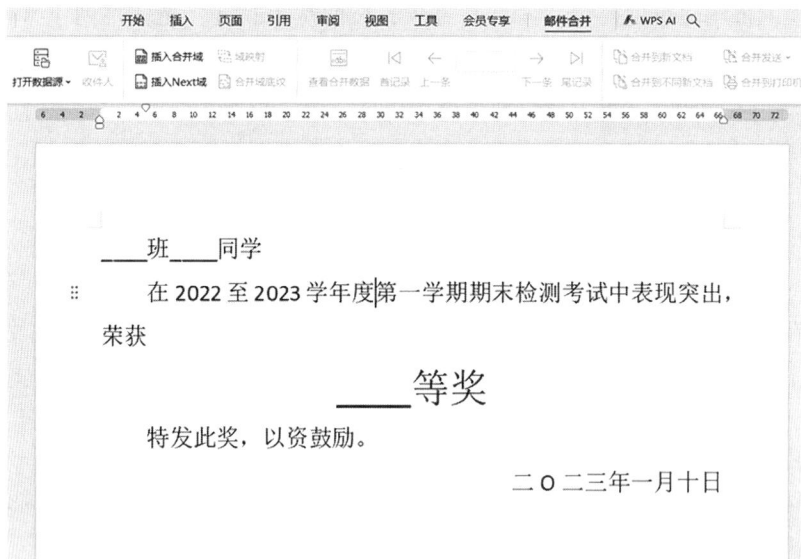

图 4 - 55

图 4 – 56

第三步，插入"合并域"。先将光标置于"班级"处，单击"插入合并域"→"班级"，则"班级"位置会显示"《班级》"字样。将光标置于"姓名"处，单击"插入合并域"→"姓名"，则"姓名"位置会显示"《姓名》"字样。再将光标置于"奖项"处，单击"插入合并域"→"奖项"，则"奖项"位置会显示"《奖项》"字样（如图 4 –57 所示）。

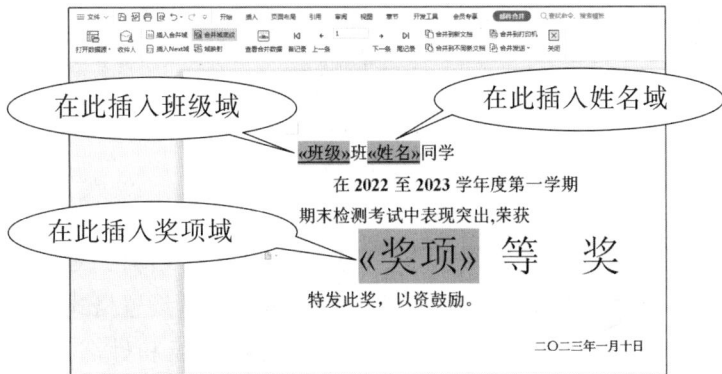

图 4 – 57

第四步，预览结果。通过"查看合并数据""首记录""上一条"（左三角）、"下一条"（右三角）和"尾记录"等按钮，可以逐条预览打印记录（如图 4 –58 所示）。

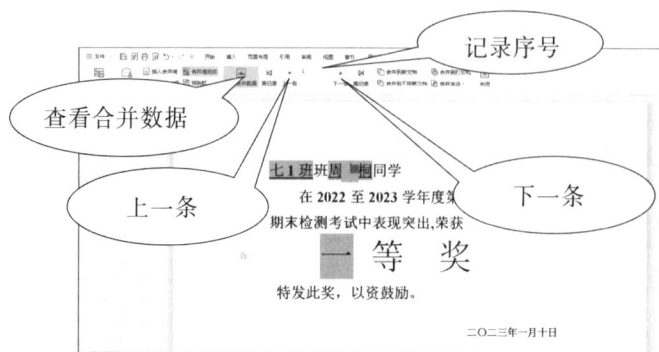

图 4 – 58

第五步，打印。单击"合并到打印机"→弹出"合并到打印机"对话框，可以选择一次性打印全部记录，也可以选择打印某条、某段记录（如图 4 – 59 所示）。

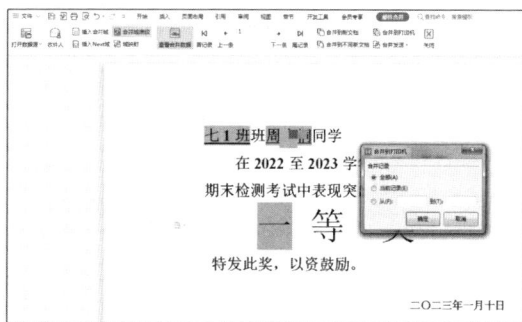

图 4 – 59

图 4 – 60

在邮件合并过程中，可以对插入的区域设置格式，如上例中，若需将班级和姓名的字体加大、加粗打印，将"姓名"和"奖项"两个域加大、加粗即可，如此每一张打印出来的奖状中姓名和奖项的字体都会加大、加粗（如图 4 – 60 所示）。

【任务拓展】

利用邮件合并功能批量打印，需要两个文档（一个 Word 文档、一个 Excel 文档），当打开 Word 文档时，通常会显示"运行 SQL 命令"对话框（如图 4-61 所示）。如果让他人帮忙打印，不仅需要将两个文档发送给对方，还需要对方懂得链接数据源（因为文件存放位置已改变）。有没有更简单的方法？

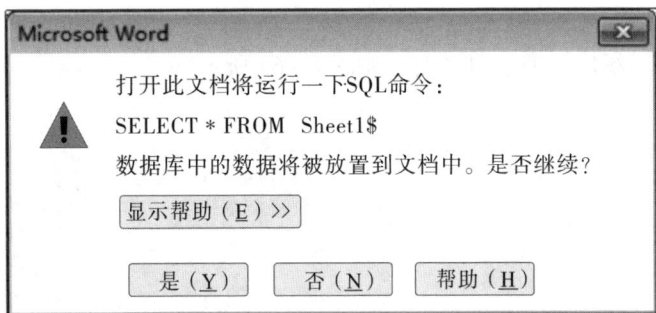

图 4-61

操作要点提示：

（1）可以尝试"完成并合并"→"编辑单个文档"功能，如图 4-62 所示。

（2）使用"编辑单个文档"功能之前，建议先将奖状模板（Word 文档）备份。

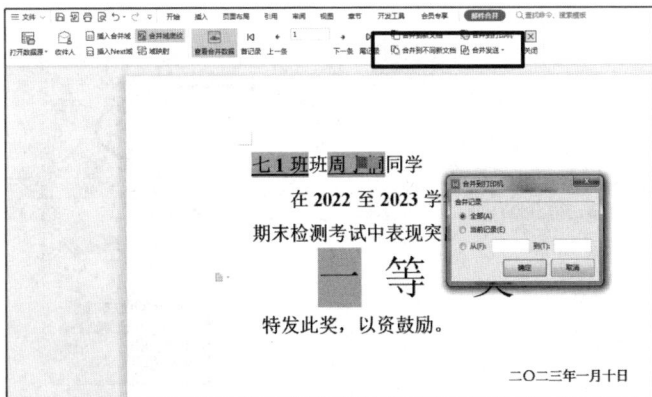

图 4-62

第九节　复制受保护文件的内容

在日常办公当中，有可能会遇到受保护文件，它看起来和普通文档没有区别，但如果你想复制里面的内容，就会感受到它的不同之处：不能选择、复制、修改、删除，只能阅读。那我们怎样才能复制它的内容呢？

【操作方法】

第一步，新建一个空白文档（如图 4-63 所示）。

图 4-63

第二步，点击"插入"→"对象"→"文件中的文字"，在弹出的对话框中打开受保护文件，则整个受保护文件的内容都被复制到新建的文档中，此时可以对其进行修改、复制和删除等操作（如图 4-64 所示）。

图 4-64

【温馨提示】

当用"插入"→"对象"→"文件中的文字"插入受保护的文档内容时，不仅是文字，受保护文档中的图片也会被插入新建的文档中。

【任务拓展】

将一个已有的文档保护起来，不允许用户修改文档的字体、字号、段落等格式，但可以编辑文档内容。

操作要点提示：

（1）使用"审阅"工具栏中的"限制编辑"功能，可以实现对文档的保护。

（2）保护分为"格式限制"和"编辑限制"，用户可以根据不同的需求来选择。

第五章 数据的获取与统计

第一节 数据输入及技巧

在 Excel 单元格中输入数据是最常用的功能，面对繁杂且庞大的数据，怎样才能快速、准确地输入数据，提高工作效率？以下是一些可供参考的操作方法：

（1）将光标定位在 Excel 单元格中就可以输入内容，对于有规律的数据，可以使用填充柄快速输入。

（2）对于有固定格式的数据，可以通过设置单元格格式来减少输入错误。

（3）对于外部文件中的数据，当数据是按照行和列有规律地排列时，也可以将其直接导入 Excel 中。

（4）可以通过设置数据有效性防止录入错误。

一、使用填充柄快速输入

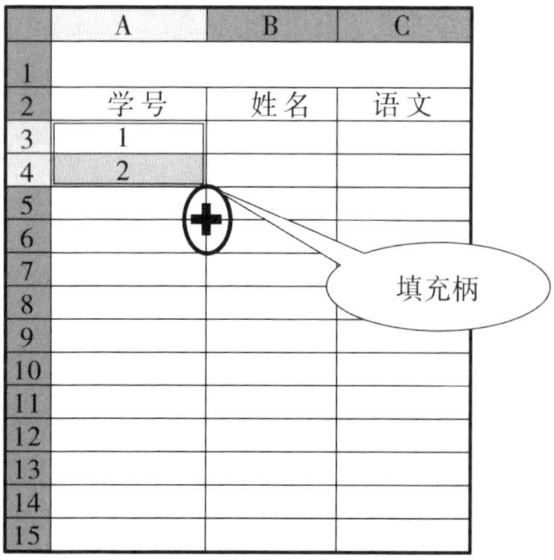

图 5-1

下面以学号输入为例进行说明。因学号是一组有规律的数字序列，故适合采用填充柄自动序列填充功能。

【操作方法】

第一步，在图 5-1 中的 A3 单元格输入数字"1"，在 A4 单元格输入数字"2"。

第二步，选定 A3、A4 两个单元格，把光标定位在选定区域右下角，出现黑色填充柄，按住鼠标左键拖动填充柄到需要填充数据的最后一个单元格。

第三步，单击最后一个单元格右下方的智能标记，在"自动填充"选项中选择"填充序列"，就可以按规律填充表格（如图 5 - 2 所示）。

	A	B	C
1			
2	学号	姓名	语文
3	1		
4	2		
5	3		
6	4		
7	5		
8	6		
9	7		
10	8		
11	9		
12	10		
13	11		
14	12		
15	13		
16	14		
17	15		
18			

图 5 - 2

自动填充选项有四种选择：

（1）复制单元格：将选定单元格的内容复制到其他单元格，并将单元格格式一起复制过来。

（2）填充序列：按照数据的规律自动填充，把单元格的格式也复制过来。

（3）仅填充格式：把单元格的格式复制过来，不填充数据。

（4）不带格式填充：按照数据的规律自动填充，但不带单元格的格式。

二、设置单元格格式

将各科成绩的优秀率、合格率、低分率设置为百分比并保留 2 位小数的格式。

【操作方法】

第一步，选定单元格区域。

方法一：在选定区域中单击右键，在弹出菜单中选择"设置单元格格式"

（如图 5-3 所示）。

方法二：选择"开始"菜单→"格式"选项，在弹出菜单中选择"设置单元格格式"。

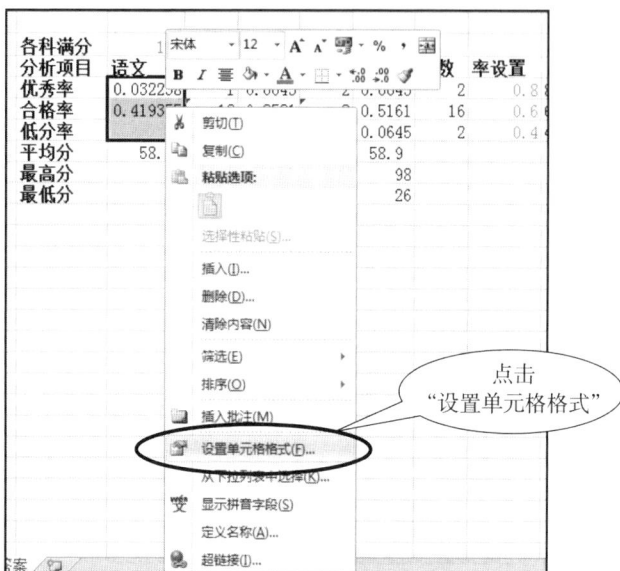

图 5-3

第二步，设置小数位数。选择"数字"菜单→"百分比"选项，小数位数选择"2"，点击"确定"按钮（如图 5-4 所示）。

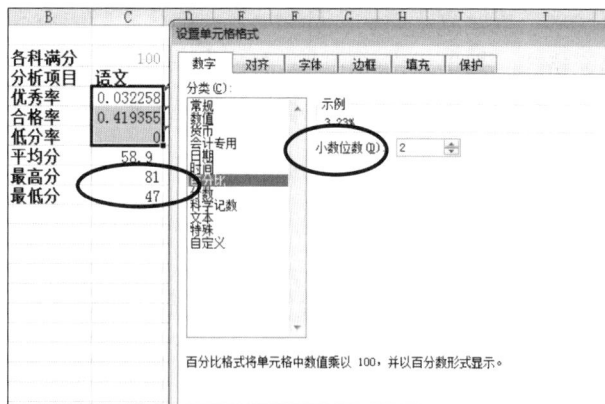

图 5-4

Excel 表格单元格的默认格式都是常规格式，常规格式大于 11 位数字就用科学记数法表示，身份证号码一般都会以科学记数法显示，如何才能显示正确格式的身份证号码呢？

【操作方法】

第一步，选中输入身份证号码单元格，单击右键，在弹出菜单中选择"设置单元格格式"（如图 5 - 5 所示）。

图 5 - 5

第二步，选择"数字"菜单中的"文本"选项，点击"确定"按钮（如图 5 - 6 所示）。若显示内容仍未变，则双击一下单元格内容，就可以看到正确输入格式的数值（提示：如果我们是从其他表格复制的身份证号码，可以提前在原表格把身份证号码格式改为"文本"，这样在复制后就不会出现"E +"这个问题了）。

图 5 - 6

另外，还可利用英文状态下的单引号输入正确格式的身份证号码。在每个单元格中先输入一个英文状态下的单引号“'”，再输入身份证号码，输入后，会有一个小三角提示，不影响输入（如图 5 - 7 所示）。

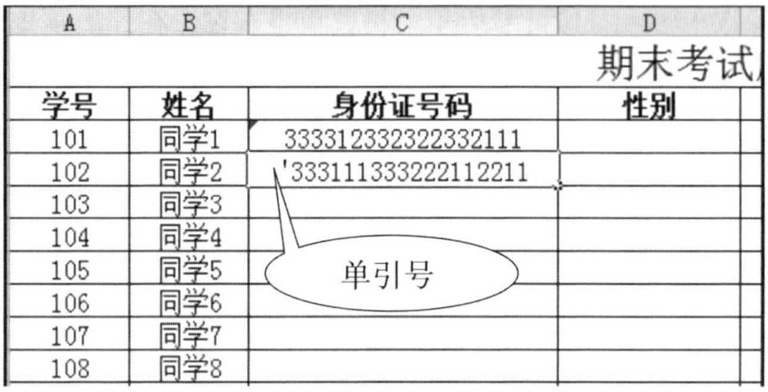

A	B	C	D
			期末考试
学号	姓名	身份证号码	性别
101	同学1	333312332322332111	
102	同学2	'333111333222112211	
103	同学3		
104	同学4		
105	同学5		
106	同学6		
107	同学7		
108	同学8		

图 5 - 7

三、导入外部数据

如果外部文件中的数据是按照行和列有规律地排列的，可以将其直接导入 Excel。文本文件中列之间的数据可用空格键隔开，也可以用英文状态下的逗号隔开（如图 5 - 8 所示）。

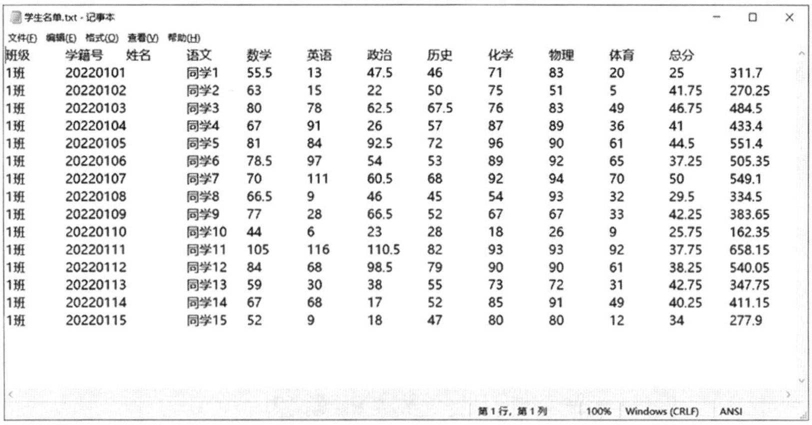

班级	学籍号	姓名	语文	数学	英语	政治	历史	化学	物理	体育	总分
1班	20220101	同学1	55.5	13	47.5	46	71	83	20	25	311.7
1班	20220102	同学2	63	15	22	50	75	51	5	41.75	270.25
1班	20220103	同学3	80	78	62.5	67.5	76	83	49	46.75	484.5
1班	20220104	同学4	67	91	26	57	87	89	36	41	433.4
1班	20220105	同学5	81	84	92.5	72	96	90	61	44.5	551.4
1班	20220106	同学6	78.5	97	54	53	89	92	65	37.25	505.35
1班	20220107	同学7	70	111	60.5	68	92	94	70	50	549.1
1班	20220108	同学8	66.5	9	46	45	54	93	32	29.5	334.5
1班	20220109	同学9	77	28	66.5	52	67	67	33	42.25	383.65
1班	20220110	同学10	44	6	23	28	18	26	9	25.75	162.35
1班	20220111	同学11	105	116	110.5	82	93	93	92	37.75	658.15
1班	20220112	同学12	84	68	98.5	79	90	90	61	38.25	540.05
1班	20220113	同学13	59	30	38	55	73	72	31	42.75	347.75
1班	20220114	同学14	67	68	17	52	85	91	49	40.25	411.15
1班	20220115	同学15	52	9	18	47	80	80	12	34	277.9

图 5 - 8

【操作方法】

第一步，单击"数据"菜单选择"导入数据"选项，如图5-9所示。

第二步，从打开的文件对话框中选择要导入的文本，单击"导入"，选择"分隔符号"，然后按照文本导入向导"下一步"完成导入，如图5-10所示。

图5-9

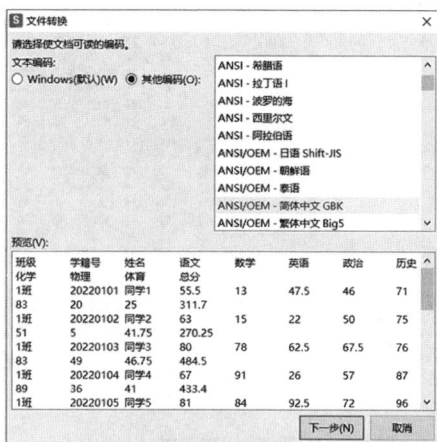

图5-10

第三步，选择分隔符号为"逗号"，单击"完成"，如图5-11所示。

第四步，选择数据的放置位置为"现有工作表"，也可选择为"新工作表"，如图5-12所示。

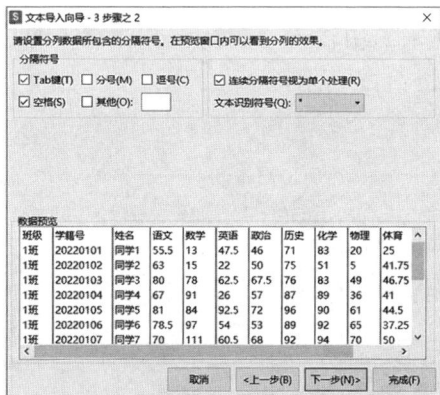

图5-11

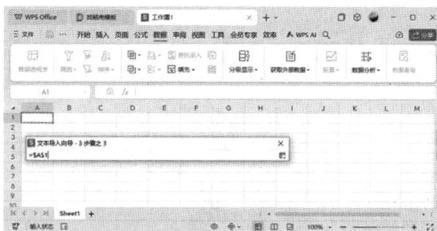

图5-12

第五步，单击"确定"，结果如图 5 - 13 所示。

图 5 - 13

四、设置数据有效性

Excel 的数据有效性功能可以防止数据录入错误，节省录入时间。例如，可以运用数据有效性，为"性别"单元格设置下拉菜单，选择"男"或"女"录入。

【操作方法】

第一步，选中输入性别单元格，选择"数据"菜单→"数据有效性"→"设置"选项，如图 5 - 14 所示。

第二步，有效性条件为"序列"，在来源中输入"男,女"，注意来源设置，中间逗号为英文状态下的逗号，如图 5 - 15 所示。

图 5 - 14

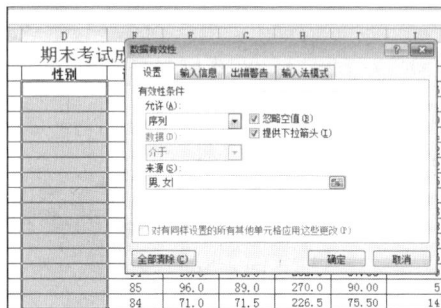

图 5 - 15

第三步，点击"确定"后，可以看到表中出现列表的箭头，下拉菜单可以选择"男"或"女"（如图 5 - 16 所示）。

图 5 - 16

【温馨提示】

（1）对于有规律的数据，可以使用填充柄快速输入。有规律的数据是指一列数字、日期，或带有数字的一列数据等，如：

评委 1，评委 2，评委 3，……

1，5，9，13，……

2018 - 1 - 1，2018 - 2 - 1，2018 - 3 - 1，……

星期一，星期二，星期三，星期四，……

（2）输入数字时，"01，02……"保留数字前的 0，需要先输入英文状态单引号" ' "，如"01"。

（3）双击填充柄，将自动填充单元格中的内容直到表格的最后一行。

（4）如果要输入相同的内容，也可使用复制的方法。复制、剪切、粘贴的快捷键分别是 Ctrl + C、Ctrl + X、Ctrl + V。对单元格中的数据进行操作时都应选定单元格。

（5）需要设定数值的取值范围，如学生单科成绩为 0 ~ 120 分，超出范围录入则会出现报警信号，可选择"数据"菜单，设置"数据有效性"。

【任务拓展】

制作一份学籍表，如图 5 - 17 所示。

	A	B	C	D	E	F
1	学　籍　表					
2	学号	姓名	性别	身份证号码	出生日期	民族
3	001	同学1	男	333111333222112200	2005年1月23日	汉族
4	002	同学2	女	333111333222110011	2005年3月25日	汉族
5	003	同学3	男	333111333222100111	2005年6月12日	汉族
6	004	同学4	男	333111333222222101	2005年2月21日	汉族
7	005	同学5	女	388111333222132211	2005年7月12日	汉族
8	006	同学6	女	333111333222112011	2004年11月2日	汉族
9	007	同学7	女	333111333222012211	2005年1月29日	汉族
10	008	同学8	男	333111333222113331	2004年12月8日	汉族
11	009	同学9	男	333111333222123211	2005年4月12日	汉族
12	010	同学10	男	333111333222020221	2005年5月15日	汉族

图 5－17

操作要点提示：

（1）学号一栏先输入英文状态单引号"'"，后输入"001"，然后用填充柄填充。

（2）如都是同一民族，民族一栏可以在第一个单元格输入内容后使用填充柄填充。

（3）身份证号码一栏先将单元格格式设置为文本格式。

（4）性别一栏可以设置数据有效性，通过下拉菜单选择"男"或"女"输入。

（5）出生日期设置单元格格式。选中 E 列，单击右键，选择"设置单元格格式"，选择"数字"选项，选择"日期"，选择所需类型，如"2001 年 3 月 14 日"。

第二节　成绩统计公式与函数应用

Excel 是用于数据统计和分析的应用软件，实现统计与分析的途径主要是计算。在 Excel 中我们可以通过以下方法进行计算：

（1）运用公式进行简单计算。

（2）对于计算量较大的情况，公式输入的方法过于烦琐，Excel 专门提供了函数计算方法。常用函数有 SUM、AVERAGE、RANK、COUNTIF、MAX、MIN、SUMPRODUCT 等。

一、运用公式计算

在单元格中输入公式，必须以等号"="开头，后面是参与计算的数据和运算符，且必须在英文状态下输入，输入完成后按回车键，单元格里显示计算结果，编辑栏中显示出当前单元格中的公式表达式，在编辑栏中我们可以对已输入公式进行编辑，如图 5 – 18 所示。

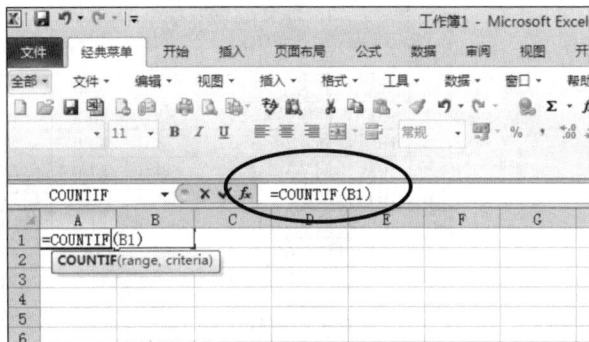

图 5 – 18

以一份学生期末考试成绩表为例，计算学生语文、数学、英语三科成绩的总分。数学计算中就是把三科总分加起来。用 Excel 进行公式计算，必须以单元格名称参加计算，才能使用填充柄的自动填充功能快速复制公式。要计算同学 1 的"总分 = 语文 + 数学 + 英语"，就在同学 1 总分的单元格 F3 里输入公式"= C3 + D3 + E3"，按回车键确定，总分就自动计算出来了，如图 5 – 19 所示。

图 5 – 19

然后利用填充柄进行填充，复制公式就可以快速算出所有学生的总分，如图 5 - 20 所示。

	A	B	C	D	E	F	G	H
COUNTIF ▼			X √ fx	=C3+D3+E3				
1								
2	学号	姓名	语文	数学	英语	总分	平均分	名次
3	101	同学1	96	85.0	86.5	267.5		
4	102	同学2	77	78.0	82.0	237.0		
5	103	同学3	80	90.0	87.0	257.0		
6	104	同学4	86	84.0	102.5	272.5		
7	105	同学5	83	81.0	71.0	235.0		
8	106	同学6	93	92.0	110.0	295.0		
9	107	同学7	82	63.0	71.0	206.0		
10	108	同学8	94	104.0	108.0	306.0		
11	109	同学9	100	97.0	95.5	292.5		
12	110	同学10	98	78.0	90.0	266.0		
13	111	同学11	84	67.0	79.0	230.0		
14	112	同学12	85	87.0	95.5	267.5		
15	113	同学13	94	90.0	78.0	262.0		
16	114	同学14	85	96.0	89.0	270.0		
17	115	同学15	84	71.0	71.5	226.5		

图 5 - 20

二、利用 Excel 提供的函数进行计算和统计

1. 用 SUM 函数求总分

同样地，求总分也可以用求和函数 SUM 进行自动计算。格式：= SUM（number 1，number 2，…）。注意：函数内的数据区域标点符号均需用半角。

方法一：在 F3 单元格直接输入函数 "= SUM（C3，D3，E3）" 后按回车键确定。

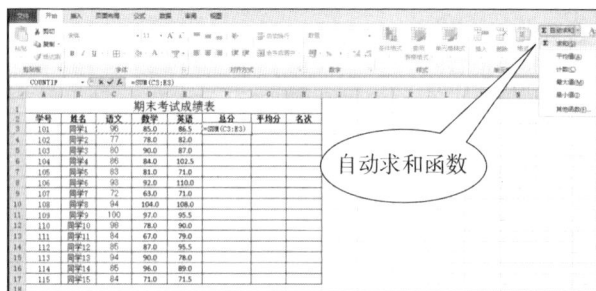

自动求和函数

图 5 - 21

方法二：单击总分单元格 F3，从 "开始" 菜单或 "公式" 菜单中可以快速找到 "常用函数" 中的 "自动求和∑"，然后选中要求和的单元格，按回车键确定，如图 5 - 21所示。

2. 用 AVERAGE 计算平均分

AVERAGE 是计算平均分的函数。格式：= AVERAGE（number 1，number 2，…）。

方法一：单击"平均分"单元格 G3，从"开始"菜单或"公式"菜单，可以快速找到"常用函数∑"，单击"平均值"，选中要参与求平均分的数据 C3、D3、E3 单元格（C3：E3），最后按回车键确定（如图 5 – 22 所示）。

图 5 – 22

方法二：单击"平均分"单元格 G3，选择"公式菜单"，选择"插入函数 fx"，选择类别"常用函数 AVERAGE"，在 AVERAGE 函数参数对话框 Number 1 中点击右边的"选择数据源"按钮，鼠标左键从 C3 拉到 E3 选中语文、数学、英语三科成绩，再单击右边的"数据源"按钮返回 AVERAGE 函数参数对话框，单击"确定"（如图 5 – 23 至图 5 – 26 所示）。

图 5 – 23

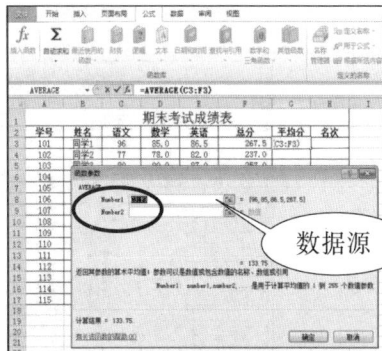

图 5 – 24

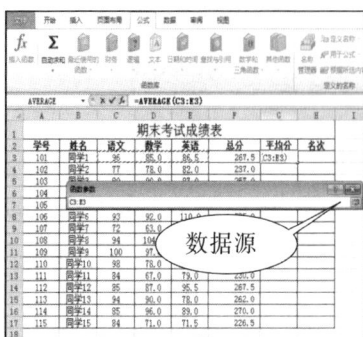 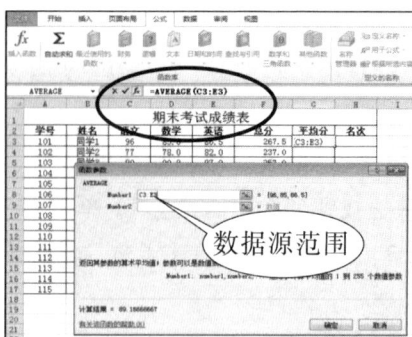

图 5 – 25　　　　　　　　　　　图 5 – 26

3. 用 RANK 函数进行排名

RANK 函数用于计算某数字在一列数字中相对于其他数值的大小排名。格式：＝RANK（Number，Ref）。

选中要排名的第一位学生的"名次"单元格 H3，点击"公式"菜单→"插入函数 *fx*"，如图 5 – 27 所示，调用函数窗口。

图 5 – 27

从函数窗口中，找到 RANK 函数。选择相应的数据单元，"Number"是要进行排名的数据，即单元格 F3；"Ref"是一组数的引用，即要进行排名的所有同学的总分 F3：F17，如图 5 – 28 所示。

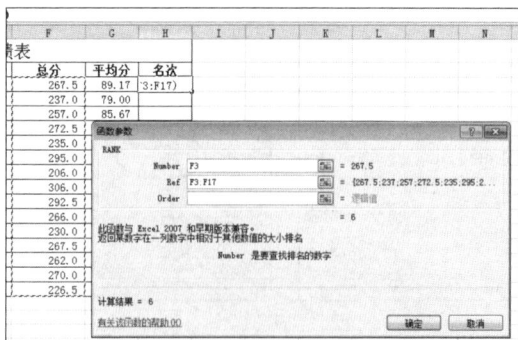

图 5 – 28

但最后用填充柄进行复制填充时可能会发现排名有错，那是因为在复制公式时发生相对变化，Ref 的 F3：F17 依次会变为 F4：F14、F5：F15……

怎么解决这个问题？只要将原来的引用单元格区域用一种绝对的形式固定下来，问题就解决了。Excel 中规定在引用单元格区域的行号或列标前加一个"＄"符号，就表示把行或列固定下来，称为"绝对引用"。在 Ref 项的 F3：F17 前加"＄"，即将 F3：F17 修改为 F＄3：F＄17，如图 5 - 29 所示，再进行填充就可以得到正确的排名。

图 5 - 29

4. 用 COUNTIF 函数统计优秀、合格、低分人数

COUNTIF 函数即条件计数函数，用于计算满足某个条件的单元格的个数。

格式：= COUNTIF（Range，Criteria），"Range"表示要选择统计的区域，如 C3：C17。"Criteria" 表示要统计的条件，如" > =96"（语文分数在 96 或 96 以上）。这一函数的作用是统计"Range" 所指定的区域中满足条件"Criteria"的单元格的个数（提示："Criteria" 中的条件要使用英文状态下的双引号括住），如图 5 - 30 所示。

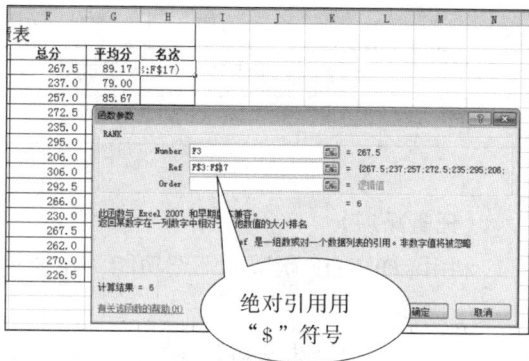

图 5 - 30

【温馨提示】

Excel 常用的运算符如表 5 - 1 所示。

表 5－1 Excel 常用的运算符

等于号	大于号	小于号	大于或等于号	小于或等于号	不等于号
=	>	<	> =	< =	< >

【任务拓展】

利用 COUNTIF 函数和筛选功能，在全年级无标注班级的成绩单中找出本班学生成绩。

（1）将本班学生名单录入工作表中，如图 5－31 所示。

（2）将本班学生名单复制到全年级（共 440 位同学）期末考试成绩表“姓名”列最后一位同学后面，即同学 440 后面，如图 5－32 所示。

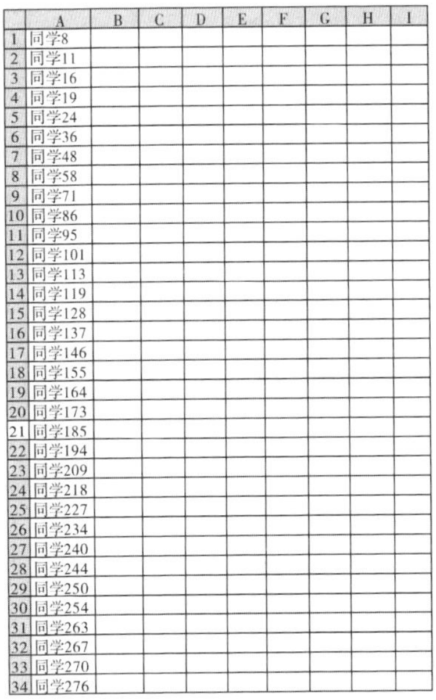

	A	B	C	D	E	F	G	H	I
1	同学8								
2	同学11								
3	同学16								
4	同学19								
5	同学24								
6	同学36								
7	同学48								
8	同学58								
9	同学71								
10	同学86								
11	同学95								
12	同学101								
13	同学113								
14	同学119								
15	同学128								
16	同学137								
17	同学146								
18	同学155								
19	同学164								
20	同学173								
21	同学185								
22	同学194								
23	同学209								
24	同学218								
25	同学227								
26	同学234								
27	同学240								
28	同学244								
29	同学250								
30	同学254								
31	同学263								
32	同学267								
33	同学270								
34	同学276								

图 5－31

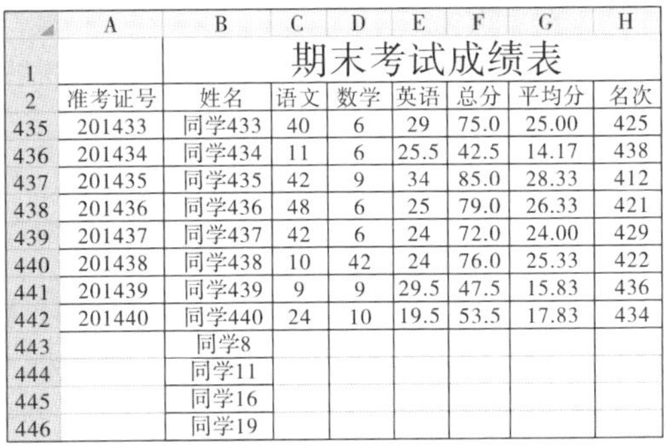

	A	B	C	D	E	F	G	H
1		期末考试成绩表						
2	准考证号	姓名	语文	数学	英语	总分	平均分	名次
435	201433	同学433	40	6	29	75.0	25.00	425
436	201434	同学434	11	6	25.5	42.5	14.17	438
437	201435	同学435	42	9	34	85.0	28.33	412
438	201436	同学436	48	6	25	79.0	26.33	421
439	201437	同学437	42	6	24	72.0	24.00	429
440	201438	同学438	10	42	24	76.0	25.33	422
441	201439	同学439	9	9	29.5	47.5	15.83	436
442	201440	同学440	24	10	19.5	53.5	17.83	434
443		同学8						
444		同学11						
445		同学16						
446		同学19						

图 5－32

（3）选中空列中的 I3 单元格，单击“公式”菜单→“插入函数”→选择类别“全部”→“COUNTIF”，设置 COUNTIF 函数各项参数。如图 5－33 所示，设置“Range”为 B \$ 3：B \$ 442，即从同学 1（B3）拖动鼠标到本年级最后一位同学姓名（B442）处；设置“Criteria”为 B3，单击“确定”。拖动鼠标从 I3 到 I442，将会显示姓名相同的学生个数。

图 5 - 33

（4）选中 I2 单元格，选择"数据"菜单→"筛选"→"数字筛选"→"大于"，如图 5 - 34 所示。

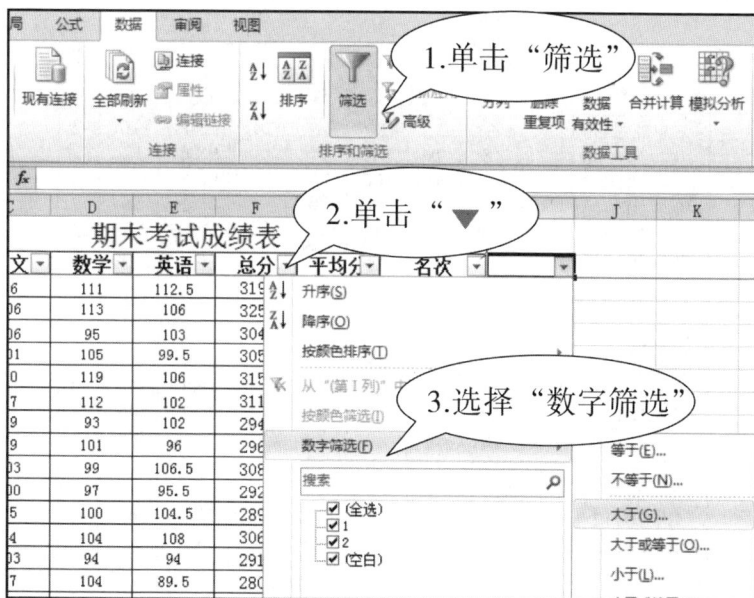

图 5 - 34

（5）显示行设置"大于1"，如图5－35所示，单击"确定"。

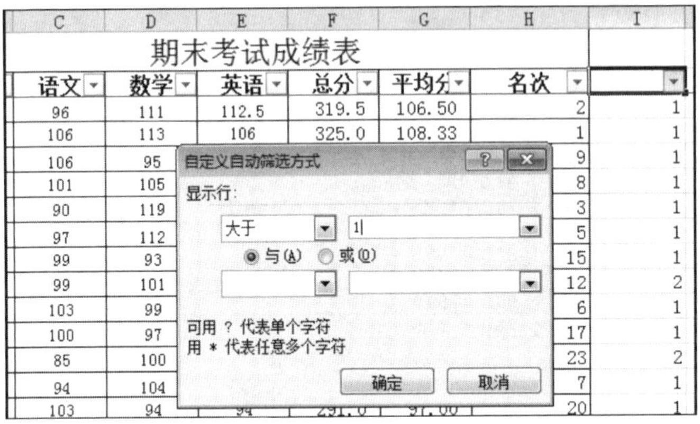

图5－35

（6）图5－36中I列显示"2"的数据就是本班同学的成绩。复制本班同学成绩到新工作表，如图5－37所示。

	A	B	C	D	E	F	G	H	I
1	期末考试成绩表								
2	准考证号	姓名	语文	数学	英语	总分	平均分	名次	2
10	201008	同学8	99	101	96	296.0	98.67	12	2
13	201011	同学11	85	100	104.5	289.5	96.50	23	2
18	201016	同学16	91	97	106.5	294.5	98.17	14	2
21	201019	同学19	89	112	92.5	293.5	97.83	16	2
26	201024	同学24	106	100	109	315.0	105.00	3	2
38	201036	同学36	88	103	99.5	290.5	96.83	22	2
50	201048	同学48	83	99	92.5	274.5	91.50	45	2
60	201058	同学58	80	90	87	257.0	85.67	79	2
73	201071	同学71	79	85	91.5	255.5	85.17	86	2
88	201086	同学86	84	94	89.5	267.5	89.17	60	2
97	201095	同学95	83	76	66.5	225.5	75.17	145	2
103	201101	同学101	81	87	85	253.0	84.33	92	2
115	201113	同学113	75	77	83	235.0	78.33	122	2
121	201119	同学119	72	89	75	236.0	78.67	118	2
130	201128	同学128	77	63	87.5	227.5	75.83	140	2
139	201137	同学137	73	95	88	256.0	85.33	84	2
148	201146	同学146	61	83	90	234.0	78.00	125	2
157	201155	同学155	78	72	82.5	232.5	77.50	129	2
166	201164	同学164	76	67	70.5	213.5	71.17	169	2
175	201173	同学173	76	78	73	227.0	75.67	141	2
187	201185	同学185	67	73	44.5	184.5	61.50	236	2

图5－36

期末考试成绩表							
准考证号	姓名	语文	数学	英语	总分	平均分	名次
201008	同学8	99	101	96	296.0	98.67	12
201011	同学11	85	100	104.5	289.5	96.50	23
201016	同学16	91	97	106.5	294.5	98.17	14
201019	同学19	89	112	92.5	293.5	97.83	16
201024	同学24	106	100	109	315.0	105.00	3
201036	同学36	88	103	99.5	290.5	96.83	22
201048	同学48	83	99	92.5	274.5	91.50	45
201058	同学58	80	90	87	257.0	85.67	79
201071	同学71	79	85	91.5	255.5	85.17	86
201086	同学86	84	94	89.5	267.5	89.17	60
201095	同学95	83	76	66.5	225.5	75.17	145
201101	同学101	81	87	85	253.0	84.33	92
201113	同学113	75	77	83	235.0	78.33	122
201119	同学119	72	89	75	236.0	78.67	118
201128	同学128	77	63	87.5	227.5	75.83	140
201137	同学137	73	95	88	256.0	85.33	84
201146	同学146	61	83	90	234.0	78.00	125
201155	同学155	78	72	82.5	232.5	77.50	129
201164	同学164	76	67	70.5	213.5	71.17	169
201173	同学173	76	78	73	227.0	75.67	141
201185	同学185	67	73	44.5	184.5	61.50	236
201194	同学194	68	57	57	182.0	60.67	239
201209	同学209	70	90	48.5	208.5	69.50	179
201218	同学218	75	38	75.5	188.5	62.83	225
201227	同学227	79	38	71.5	188.5	62.83	225
201234	同学234	89	52	50.5	191.5	63.83	222
201240	同学240	72	54	66.5	192.5	64.17	220
201244	同学244	71	29	85	185.0	61.67	234

图 5 - 37

5. 用 SUMPRODUCT 函数统计多个条件要求下的人数

单个条件的统计可以用 COUNTIF 函数，但当进行多个条件统计时就要用到 SUMPRODUCT 函数。

SUMPRODUCT 是让两个区域的数组进行相乘然后求和运算的函数，具体的原理为，先对两个同样大小的数组进行相乘运算，然后把相乘运算的结果相加。

求各班总分在前100名的学生人数，第一个条件就是总分在前100名，第二个条件就是某个班。

例如，数组一中（H＄2：H＄328＜＝100）＊1，即找出100名以内包括100的条件，乘以1，就是把条件转成数值，条件成立的为1，不成立的为0。数组二中（G＄2：G＄328＝J2）＊1，把班级列中条件是J2（1班的）乘以1，把条件转成数值，是1班的为1，否则为0，最后两组数据进行相乘求和运算得出结果。

6. 用 VLOOKUP 函数查询指定条件的结果

平时测验、期中考试和期末考试结束后，各班各学科成绩需要汇总统计，学生成绩会出现顺序不一样、参考人员也不同的情况，按顺序匹配成绩会不准确，这时可以通过 VLOOKUP 函数来匹配每个人的成绩。根据图 5 - 38 的表格内容，把图 5 - 39 表格中的学生的数学和英语成绩匹配到图 5 - 38 的表格中。

	A	B	C	D	E	F	G
1	2022-2023学年度第一学期 七年级期中检测成绩表						
2	班级	座位号	姓名	语文	数学	英语	总分
3	1班	20220101	同学1	55.5	73	47.5	176
4	1班	20220102	同学2	63			63
5	1班	20220103	同学3	80			80
6	1班	20220104	同学4	67			67
7	1班	20220105	同学5	81			81
8	1班	20220106	同学6	78.5			78.5
9	1班	20220107	同学7	70			70
10	1班	20220108	同学8	66.5			66.5
11	1班	20220109	同学9	77			77
12	1班	20220110	同学10	44			44
13	1班	20220111	同学11	95			95
14	1班	20220112	同学12	84			84
15	1班	20220113	同学13	59			59
16	1班	20220114	同学14	67			67
17	1班	20220115	同学15	52			52

图 5 - 38

	A	B	C	D
1	班级	座位号	姓名	数学
2	1班	20220111	同学11	116
3	1班	20220107	同学7	111
4	1班	20220106	同学6	97
5	1班	20220104	同学4	91
6	1班	20220115	同学15	90
7	1班	20220105	同学5	84
8	1班	20220103	同学3	78
9	1班	20220112	同学12	68
10	1班	20220114	同学14	68
11	1班	20220113	同学13	30
12	1班	20220109	同学9	28
13	1班	20220102	同学2	15
14	1班	20220101	同学1	13
15	1班	20220108	同学8	9
16	1班	20220110	同学10	6

	A	B	C	D
1	班级	座位号	姓名	英语
2	1班	20220114	同学14	17
3	1班	20220115	同学15	18
4	1班	20220102	同学2	22
5	1班	20220110	同学10	23
6	1班	20220104	同学4	26
7	1班	20220113	同学13	38
8	1班	20220108	同学8	46
9	1班	20220101	同学1	47.5
10	1班	20220106	同学6	54
11	1班	20220107	同学7	60.5
12	1班	20220103	同学3	62.5
13	1班	20220109	同学9	66.5
14	1班	20220105	同学5	92.5
15	1班	20220112	同学12	98.5
16	1班	20220111	同学11	110.5

图 5 - 39

【操作方法】

第一步，根据图 5 – 39 的表格内容，为了防止查找时因有姓名相同的学生而出现错误，以学生学号为查找对象，在"成绩汇总"工作表的 E2 单元格输入" = VLOOKUP（B2，数学! ＄B＄1：＄D＄16，3，FALSE)"，在 E2 单元格右下方向下拖动填充柄完成对其他学号学生数学成绩的查找。图 5 – 40 对函数的每一项参数作出了说明。

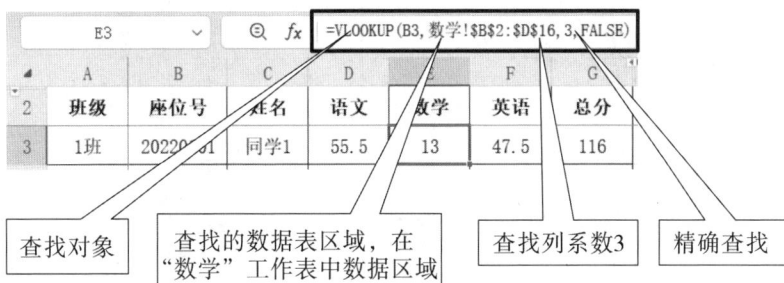

图 5 – 40

第二步，根据图 5 – 39 的表格内容，为了防止查找时因有姓名相同的学生而出现错误，以学生学号为查找对象，在"成绩汇总"工作表的 F2 单元格输入" = VLOOKUP（B2，英语! ＄B＄1：＄D＄16，3，FALSE)"，在 F2 单元格右下方向下拖动填充柄完成对其他学号学生英语成绩的查找。具体如图 5 – 41 所示。

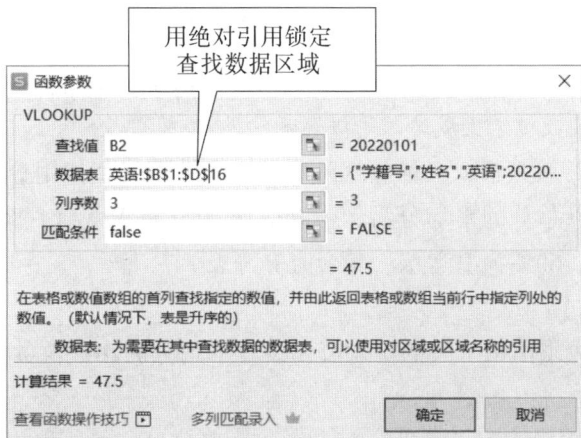

图 5 – 41

第三步，检查数据查找是否准确。以同学 3 为例，分别在"数学""英语"两个工作表中查看同学 3 的数学成绩 78、英语成绩 62.5 有无错误，准确无误则说明查找匹配成功，可以做下一步的统计（如图 5 - 42 所示）。

	A	B	C	D	E	F
2	班级	座位号	姓名	语文	数学	英语
3	1班	20220101	同学1	55.5	13	47.5
4	1班	20220102	同学2	63	15	22
5	1班	20220103	同学3	80	78	62.5
6	1班	20220104	同学4	67	91	26
7	1班	20220105	同学5	81	84	92.5
8	1班	20220106	同学6	78.5	97	54
9	1班	20220107	同学7	70	111	60.5
10	1班	20220108	同学8	66.5	9	46
11	1班	20220109	同学9	77	28	66.5
12	1班	20220110	同学10	44	6	23
13	1班	20220111	同学11	95	116	110.5
14	1班	20220112	同学12	84	68	98.5
15	1班	20220113	同学13	59	30	38
16	1班	20220114	同学14	67	68	17
17	1班	20220115	同学15	52	90	18

图 5 - 42

7. 用 IF 函数对学生成绩用等级表示结果

在"双减"政策下，义务教育阶段学生成绩不能直接用分数表示，而要用等级表示。以总分的平均分为例，以得分 90% 为 A 等级，80% 为 B 等级，70% 为 C 等级，60% 为 D 等级，其余为 E 等级。

【操作方法】

第一步，先求出每个人的平均分，设置平均分的小数位数为 2 位（如图 5 - 43 所示）。

图 5－43

第二步，在 H3 单元格输入公式：＝IF（H3 ＞ ＝90,"A"，IF（H3 ＞ ＝80,"
B"，IF（H3 ＞ ＝70,"C"，IF（H3 ＞ ＝60,"D"，"E"))))）（如图 5－44 所示）。

图 5－44

第三步，拖动 H2 单元格填充柄使 H2:H17 的学生成绩用等级表示（如图 5 –45 所示）。

	A	B	C	D	E	F	G	H	I
1				2022-2023学年度第一学期 七年级期中检测成绩表					
2	班级	座位号	姓名	语文	数学	英语	总分	平均分	等级
3	1班	20220101	同学1	55.5	73	47.5	176	58.67	E
4	1班	20220102	同学2	63	65	82	210	70.00	C
5	1班	20220103	同学3	80	78	62.5	220.5	73.50	C
6	1班	20220104	同学4	67	91	26	184	61.33	D
7	1班	20220105	同学5	81	84	92.5	257.5	85.83	B
8	1班	20220106	同学6	78.5	97	54	229.5	76.50	C
9	1班	20220107	同学7	70	91	60.5	221.5	73.83	C
10	1班	20220108	同学8	66.5	90	46	202.5	67.50	D
11	1班	20220109	同学9	77	28	66.5	171.5	57.17	E
12	1班	20220110	同学10	44	60	73	177	59.00	E
13	1班	20220111	同学11	95	96	98	289	96.33	A
14	1班	20220112	同学12	84	68	98.5	250.5	83.50	B
15	1班	20220113	同学13	59	80	38	177	59.00	E
16	1班	20220114	同学14	67	68	87	222	74.00	C
17	1班	20220115	同学15	52	90	18	160	53.33	E

图 5 –45

第三节　图表的制作

在 Excel 中如何将抽象的数据具象化，更直观地反映数据间的相互联系、变化趋势，便于我们理解和分析呢？常见方法如下：

（1）确定图表类型。

（2）创建图表，编辑图表，美化图表。

一、常见图表类型及其特点

1. 柱形图

柱形图常常用来显示一段时间内数据变化或比较各项数据之间的情况。在柱形图中，通常沿水平轴组织类别，而沿垂直轴组织数值。在 Excel 中列或行的数据都可以绘制到柱形图中，如图 5 –46 所示。

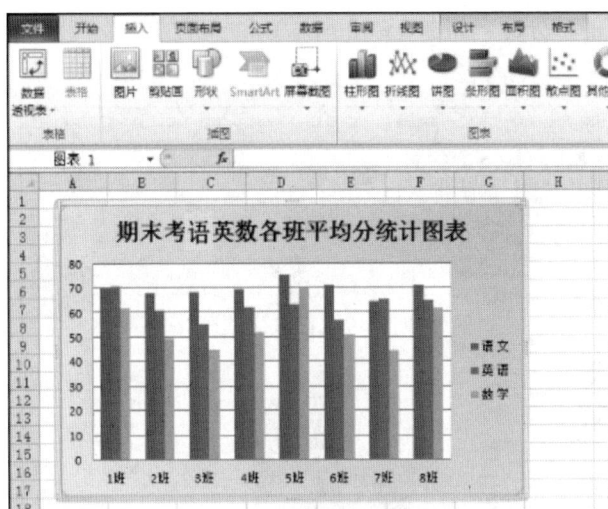

图 5 –46

2. 折线图

折线图常常用来显示随时间而变化的连续数据，因此非常适用于显示在相等时间间隔下数据的趋势，如图 5 –47 所示。

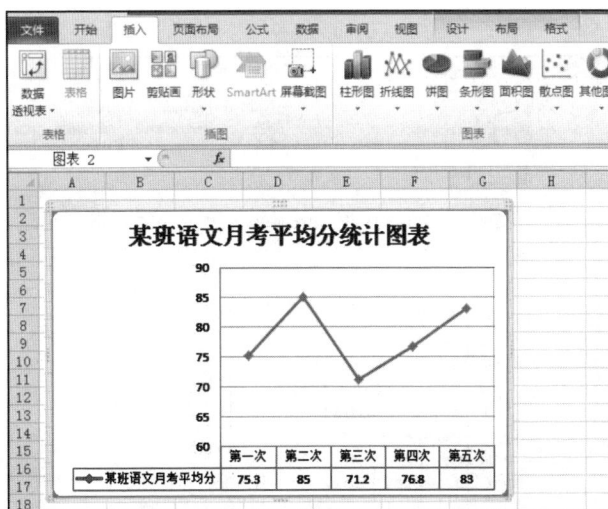

图 5 –47

3. 饼图

饼图常用于显示一个数据系列中各项的大小与各项总和的比例，也可以显示出整个饼图的百分比，如图 5 - 48 所示。

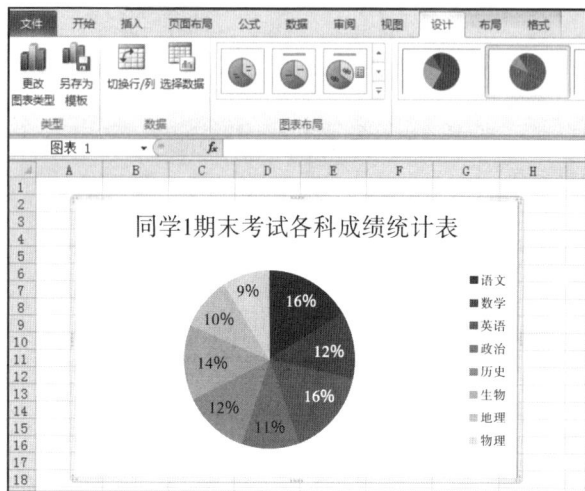

图 5 - 48

4. 条形图

条形图常常用于显示各项目之间的数据比较情况，如图 5 - 49 所示。

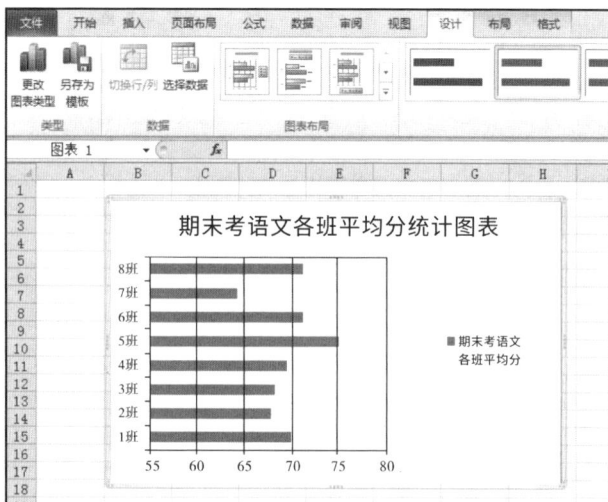

图 5 - 49

二、创建图表

合适的图表能更好地反映数据的整体情况，使人能够迅速作出分析和判断，而且当表格中的数据发生改变时，图表还能自动跟随源数据的变化而变化。

分析图 5－50 中的“期末考语英数各班平均分统计表”，了解各班语文、英语、数学三科的平均分。

	A	B	C	D	E	F	G	H	I
1	期末考语英数各班平均分统计表								
2	班级	1班	2班	3班	4班	5班	6班	7班	8班
3	语文	69.9	67.9	68.2	69.5	74.9	71.2	64.4	71.2
4	英语	70.6	60.9	55	61.8	63.1	56.6	65.1	64.8
5	数学	61.4	49.2	45	51.6	69.6	50.8	44.4	61.4

图 5－50

如果只是要了解 1 班语文、英语、数学三科平均分的对比情况，那么选择饼图或条形图就可以清楚地看到各科平均分所占的比例或对比情况。如果是要了解各班语文、英语、数学三科平均分的对比情况，选择柱形图更有利于体现各项数据之间的情况。

【操作方法】

第一步，选择数据区域。拖动鼠标选择单元格区域 A2：I5。如果选择的是多个不相邻的单元格区域，选择第一个区域后需按住键盘 Ctrl 键不放，同时选择其他单元格区域。如只对比英语平均分，应选择单元格区域 A2：I2 后，再按住 Ctrl 键选择 A4：I4 单元格区域，如图 5－51 所示。

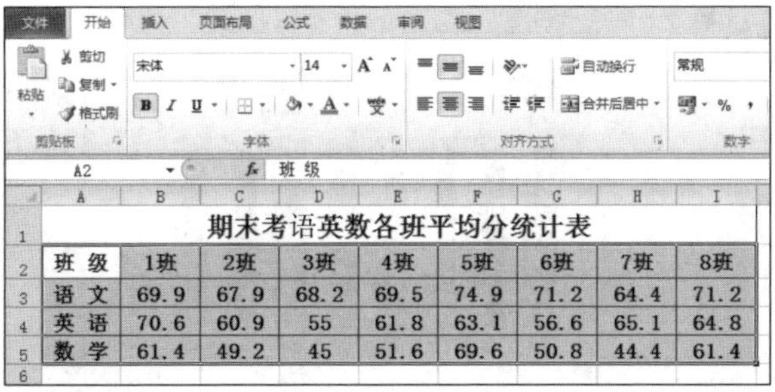

	A	B	C	D	E	F	G	H	I
1	期末考语英数各班平均分统计表								
2	班 级	1班	2班	3班	4班	5班	6班	7班	8班
3	语 文	69.9	67.9	68.2	69.5	74.9	71.2	64.4	71.2
4	英 语	70.6	60.9	55	61.8	63.1	56.6	65.1	64.8
5	数 学	61.4	49.2	45	51.6	69.6	50.8	44.4	61.4
6									

图 5－51

第二步，选择图表类型。选择"插入"菜单→"图表"→"柱形图"→"二维柱形图"，如图 5 - 52 所示。

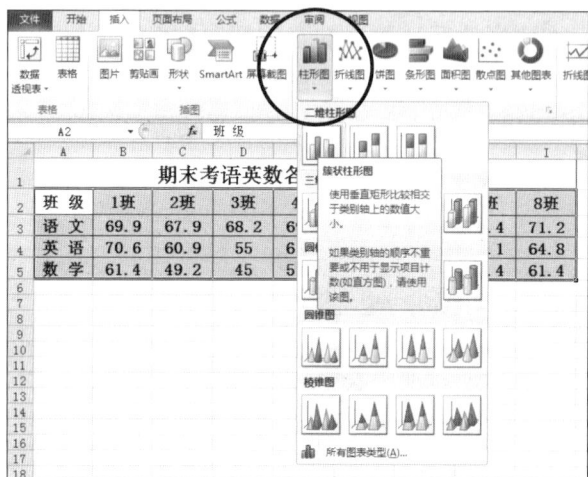

图 5 - 52

第三步，设置图表选项。选中图表，选择"设计菜单"→"图表布局"→"布局一"，更改图表标题为"期末考语英数各班平均分统计表"，如图 5 - 53 所示。

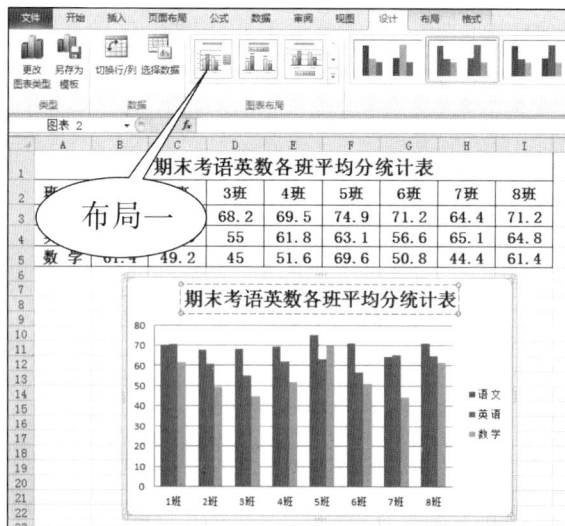

图 5 - 53

第四步，修饰美化图表。双击图表任何区域可设置图表对应区域格式；也可选择"图表工具"，进行设计、布局、格式的设置，如图 5－54 所示。

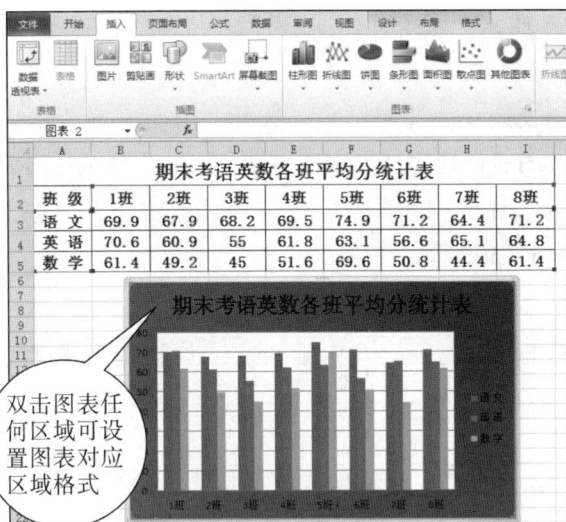

图 5－54

【温馨提示】

如何在另一个工作表中创建图表？

方法一：使用移动图表功能。

方法二：在 sheet 2 创建图表，图表数据区域选择 sheet 1。

【任务拓展】

分析图 5－55 中的"期末考数学各班平均分统计表"，制作"期末考数学各班平均分统计图表"。

	A	B	C	D	E	F	G	H	I
1	期末考数学各班平均分统计表								
2	班级	1班	2班	3班	4班	5班	6班	7班	8班
3	数学	61.4	49.2	45	51.6	69.6	50.8	44.4	61.4

图 5－55

操作要点提示：

（1）确定图表类型。要想反映数学学科各个班平均分的对比情况，那么选择折线图或条形图就可以清楚地看到各班的平均分和对比情况。下面以折线图为例。

（2）选择数据区域。拖动鼠标选择单元格区域 A2：I3。

（3）选择"插入"菜单→"图表"→"折线图"→"带数据标记的折线图"。

（4）设置图表选项。选中图表，选择"设计菜单"→"图表布局"→"布局二"，更改图表标题为"期末考数学各班平均分统计图表"。

（5）修饰美化图表。选择"图表"→"图表工具"，进行设计、布局、格式的设置，如图 5-56 所示。

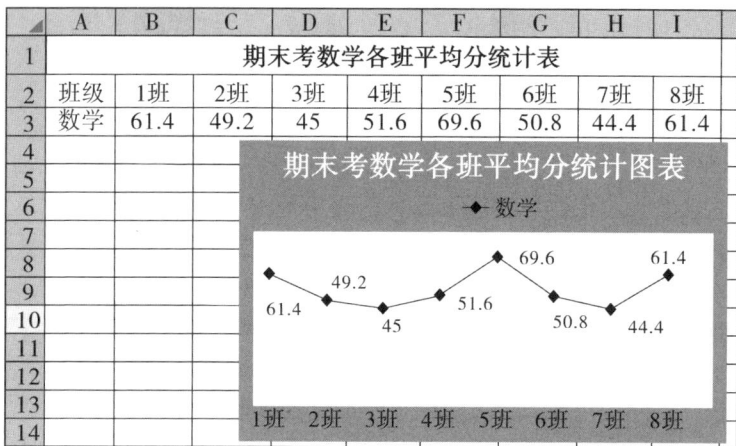

	A	B	C	D	E	F	G	H	I
1	期末考数学各班平均分统计表								
2	班级	1班	2班	3班	4班	5班	6班	7班	8班
3	数学	61.4	49.2	45	51.6	69.6	50.8	44.4	61.4

图 5-56

第四节　修饰与打印电子表格

在 Excel 中如何把表格制作得更美观，让表格看起来更清晰、一目了然？如何按照需求打印表格？常见方法如下：

（1）通过合并单元格制作标题。

（2）调整工作表的行高与列宽。

（3）调整单元格的对齐方式。

（4）设置单元格字体。

（5）添加表格边框。

（6）增加表格底纹。

（7）打印表格时需要设置打印区域，进行打印预览，设置页面选项，设置打印范围及打印份数。

一、美化表格

【操作方法】

第一步，通过合并单元格制作标题，将标题设置在表格的中间。选中 A1 至 G1 单元格，点击"开始"菜单→"对齐方式"→"合并居中"，如图5-57、图5-58所示。

图 5-57

七年级期中检测成绩表						
班级	座位号	姓名	语文	数学	英语	总分
1班	20220101	同学1	55.5	13	47.5	176
1班	20220102	同学2	63	15	22	210
1班	20220103	同学3	80	78	62.5	220.5
1班	20220104	同学4	67	91	26	184
1班	20220105	同学5	81	84	92.5	257.5
1班	20220106	同学6	73.5	97	54	229.5
1班	20220107	同学7	70	111	60.5	221.5
1班	20220108	同学8	66.5	9	46	202.5
1班	20220109	同学9	77	28	66.5	171.5
1班	20220110	同学10	44	6	23	177
1班	20220111	同学11	95	116	110.5	289
1班	20220112	同学12	84	68	98.5	250.5
1班	20220113	同学13	59	30	38	177
1班	20220114	同学14	67	68	17	222
1班	20220115	同学15	52	90	18	160

图 5-58

第二步，调整工作表的行高与列宽。在 Excel 中，可以使用两种方法来改变行高和列宽。第一种：直接拖动鼠标来快速调整；第二种：通过执行 Excel 菜单中的命令或快捷菜单中的命令，对行高和列宽进行精确设定。

选中 A1 至 F17 单元格，点击"开始"菜单→"单元格"→"格式"，选择"行高/列宽"，在弹出的"行高/列宽"对话框输入需要的行高值/列宽值，单击"确定"，如图5-59、图5-60所示。

	A	B	C	D	E	F	G	H
1			2022-2023学年度第一学期					
			七年级期中检测成绩表					
2	班级	座位号	姓名	语文	数学	英语	平均分	
3	1班	20220101	同学1	55.5	13	47.5	58.67	
4	1班	20220102	同学2	63	15	22	70.00	
5	1班	20220103	同学3	80	78	62.5	73.50	
6	1班	20220104	同学4	67	91	26	61.33	
7	1班	20220105						
8	1班	20220106						
9	1班	20220107						
10	1班	20220108						
11	1班	20220109						
12	1班	20220110						
13	1班	20220111						
14	1班	20220112	同学12	84	68	98.5	83.50	
15	1班	20220113	同学13	59	30	38	59.00	
16	1班	20220114	同学14	67	68	17	74.00	
17	1班	20220115	同学15	52	90	18	53.33	

行高
行高(R): 24 磅
确定　取消

图 5 -59

	A	B	C	D	E	F	G	H
1			2022-2023学年度第一学期					
			七年级期中检测成绩表					
2	班级	座位号	姓名	语文	数学	英语	平均分	
3	1班	20220101	同学1	55.5	13	47.5	58.67	
4	1班	20220102	同学2	63	15	22	70.00	
5	1班	20220103	同学3	80	78	62.5	73.50	
6	1班	20220104	同学4	67	91	26	61.33	
7	1班	20220105						
8	1班	20220106						
9	1班	20220107						
10	1班	20220108						
11	1班	20220109						
12	1班	20220110						
13	1班	20220111						
14	1班	20220112	同学12	84	68	98.5	83.50	
15	1班	20220113	同学13	59	30	38	59.00	
16	1班	20220114	同学14	67	68	17	74.00	
17	1班	20220115	同学15	52	90	18	53.33	

列宽
列宽(C): 7.93 字符
确定　取消

图 5 -60

第三步，调整单元格的对齐方式。单元格中数据的各种对齐方式都是相对于单元格上下左右的位置而言的。默认情况下，单元格的文本靠左对齐，数字靠右对齐，逻辑值和错误值居中对齐。在日常工作中，可根据实际需要重新设置单元格中数据的对齐方式。

方法一：选择要设置的数据，点击"开始"菜单→"单元格"→"格式"→"设置单元格格式"，如图 5 -61 所示。

方法二：选择要设置的数据，单击右键，选择"设置单元格格式"。选择"对齐"选项，例如将文本对齐方式设置为"靠左（缩进）""垂直对齐居中"，然后点击"确定"，如图 5 -62 所示。

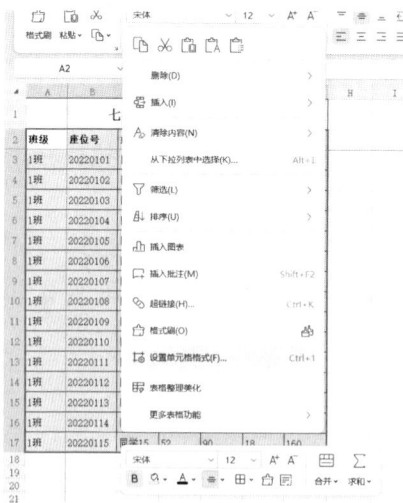

图 5 -61

图 5 -62

第四步，设置单元格字体。在 Excel 中选中单元格就可以对表格中文字的字体、字形、字号等进行修饰美化，如图 5-63 所示。

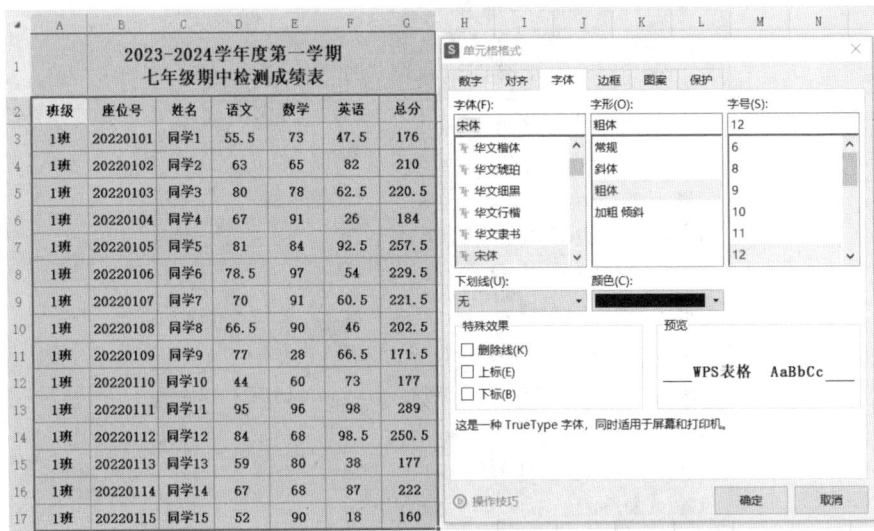

图 5-63

第五步，添加表格边框。在 Excel 工作表中，虽然从屏幕上看每个单元格都是黑色的边框线，但为了使表格中的内容显示得更为清晰明了，增强表格的视觉效果，我们可以为表格添加边框。

选中 A1 至 G17 单元格，点击"开始"菜单→"字体"→"绘图边框"，设置线条颜色/线型（提示：先选择颜色和线型，再选择框线，才能完成颜色和线型的设置，如图5-64 所示）。

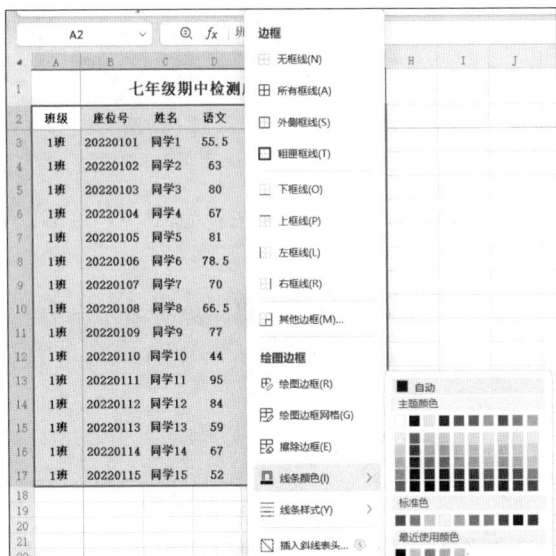

图 5-64

第六步，增加表格底纹。为了进一步加强表格的表现力，还可以为选定的单元格或整个表格添加底纹图案，如图5-65所示。

2023-2024学年度第一学期 七年级期中检测成绩表						
班级	座位号	姓名	语文	数学	英语	总分
1班	20220101	同学1	55.5	73	47.5	176
1班	20220102	同学2	63	65	82	210
1班	20220103	同学3	80	78	62.5	220.5
1班	20220104	同学4	67	91	26	184
1班	20220105	同学5	81	84	92.5	257.5
1班	20220106	同学6	78.5	97	54	229.5
1班	20220107	同学7	70	91	60.5	221.5
1班	20220108	同学8	66.5	90	46	202.5
1班	20220109	同学9	77	28	66.5	171.5
1班	20220110	同学10	44	60	73	177
1班	20220111	同学11	95	96	98	289
1班	20220112	同学12	84	68	98.5	250.5
1班	20220113	同学13	59	80	38	177
1班	20220114	同学14	67	68	87	222
1班	20220115	同学15	52	90	18	160

图5-65

给标题单元格填充颜色：选中A1至G1单元格，点击"开始"菜单→"字体"→"填充颜色"。

给内容单元格填充颜色：选中A2至G17单元格，点击"开始"菜单→"字体"→"填充颜色"。

二、打印工作表

制作好工作表后，若要打印工作表，只需单击"文件"菜单打印，即可按照Excel默认设置开始打印。但是，不同行业的用户需要的打印报告样式是不同的，每个用户都可能会有自己的特殊要求。Excel为了满足用户的需求，具有许多用来设置或调整打印效果的实用功能，如设置打印区域、进行打印预览、设置打印方向、打印缩放调整、设置页眉和页脚等。

在前面工作的基础上对工作表进行打印设置，操作步骤如下（如图 5 – 66 至图 5 – 69 所示）：

（1）通过打印预览找出需要调整的项目。

（2）选择并设置打印区域。

（3）进行页面设置。

（4）进行打印设置。

图 5 – 66

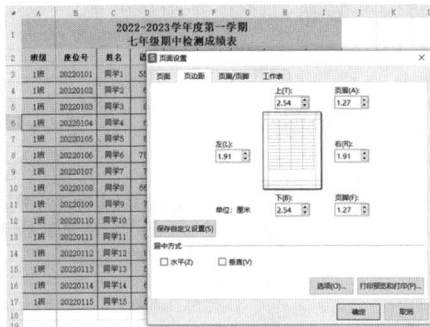

图 5 – 67

图 5 – 68

图 5 – 69

选定打印区域并设置好打印页面后，即可正式打印工作表了。打印时，还可根据需要对打印范围、打印份数等进行设置。

【温馨提示】

（1）快速换行。针对需要在一个单元格输入一行或几行文字的情况，如果输入一行后敲回车键就会移到下一单元格，而不是换行，此时怎么办呢？方法一：在选定单元格输入第一行内容后，在换行处按 Alt + 回车键，即可输入第二行内容，再按 Alt + 回车键输入第三行，以此类推。方法二：选中单元格，单击"开始"→"对齐方式"→选择"自动换行"命令。

（2）需要冻结窗口的某一行，鼠标向下滚动时该行不动。点击需要冻结的某行单元格的下一行，点击"视图"菜单→"冻结窗格"→"冻结拆分窗格"。如果要取消该项设置，点击"视图"菜单→"冻结窗格"→"取消冻结窗格"。如果想冻结窗口的第 n 行第 m 列窗口，点击 $n + 1$ 行 $m + 1$ 列的交集单元格。例如，若需冻结第 2 行第 A 列的窗口，鼠标点击选中 B3 单元格，点击"视图"菜单→"冻结窗格"→"冻结拆分窗格"，如图 5 - 70 所示。

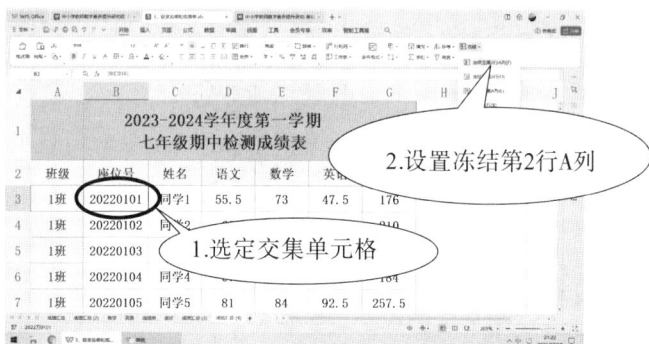

图 5 - 70

【任务拓展】

问题 1：当表格比较大，需要分几页打印时，如何使每一页都显示表头内容？

操作要点提示：

（1）在"页面布局"选择"打印标题"，如图 5 - 71 所示。

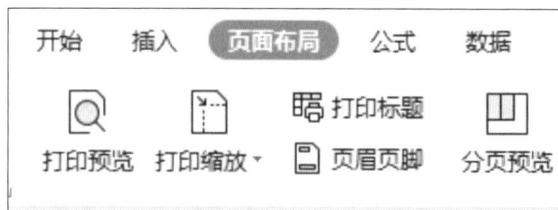

图 5 - 71

（2）在"页面设置"窗口工作表中，单击"顶端标题行"右边的"数据源"选择按钮，选择需要打印的标题头为第一、二行，即为 $1：$ 2，单击"数据源"按钮返回，单击"确定"即可，如图 5-72 所示。

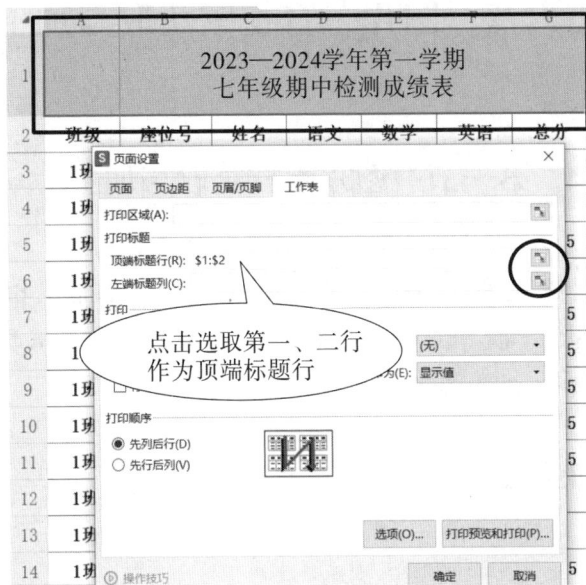

图 5-72

问题 2：如何将表格内容根据需要分别打印在不同的几页纸上？
操作要点提示："页面布局"→"插入分页符"。

第六章　图片、音视频获取与加工

第一节　图片素材获取与加工

计算机图片常见的存储格式有：.jpeg、.png、.bmp、.tif、.gif、.pcx、.svg、.psd、.cdr、.tga、.exif、.fpx、.pcd、.dxf、.raw、.wmf、.ufo、.eps、.ai、.webp、.avif、.apng 等。

一、图片的类型

1. 矢量图

计算机中的图形是根据几何特性绘制的，称为"矢量图"。矢量图只能靠软件生成，文件占用内存空间较小，图像放大后不会失真，和分辨率无关，适用于图形设计、文字设计和一些标志设计、版式设计等。

矢量图有以下几种文件格式：

（1）WMF：Windows 图元文件格式。

（2）EMF：Windows 增强性图元文件格式。

（3）CDR：CorelDRAW 制作生成的文件格式。

（4）AI：Adobe Illustrator 的文件扩展名。

2. 点阵图像

点阵图像又称"位图"，是由描述图像中各个像素点的强度与颜色的数位集合组成的。位图图像适合表现比较细致、层次和色彩比较丰富、包含大量细节的图像。

点阵图像文件格式主要有：

（1）BMP（Bitmap）：几乎所有 Windows 环境下的图像软件都支持的格式。

（2）GIF（Graphics Interchange Format）：特点是压缩比高，磁盘空间占用较少。

（3）JPEG（Joint Photographic Experts Group）：采用的是较先进的压缩算法，可以保持较好的图像保真度和较高的压缩比。

二、图片的获取

获取图片的途径多种多样，主要有用数码相机拍摄、计算机屏幕截图、互联网下载和手机屏幕截图等方式。

1. 用数码相机拍摄

通过数码相机获得的图片通常存储在数码相机的存储卡内，再通过数据传输线或读卡器输入计算机中。手机自带的摄像头是一种非常好的图片采集器，用手机拍照后使用 PC 端微信传图片到电脑，非常方便。

在 PC 端微信传图到电脑的操作步骤如下：

（1）在电脑安装微信 PC 端软件。

（2）在电脑桌面上双击"微信"图标运行此程序，会出现登录二维码，然后用手机端微信的"扫一扫"功能扫描登录。

（3）利用手机端微信的"文件传输助手"功能与电脑进行连接。

（4）在电脑的"微信"软件上，双击打开传到"文件传输助手"的文件，点击下载图标进行图片下载，并保存到电脑中。

2. 计算机屏幕截图

采用抓取屏幕画面的方法，将显示在计算机屏幕上的画面、图像区域、文字等复制到剪贴板中，再利用系统自带的画图处理软件保存。

以下是常见的计算机屏幕截图方法：

（1）使用键盘右上角的 Print Screen 键。

（2）用 Alt + Print Screen 键截取当前窗口图片。

（3）Windows7、Windows10 系统也可以使用"附件"的截图工具。

（4）使用浏览器自带的截图功能进行截图。

3. 互联网下载

从网上下载图片的一般步骤如下：进入搜索引擎网站，输入相应图片的关键字，选择合适的搜索结果，选中所需图片，鼠标右键点击选择"另存为"，将图片下载到指定的文件夹中。

4. 手机屏幕截图

以华为某款手机为例：

（1）使用隔空手势截取屏幕。

①进入"设置"→"辅助功能"→"快捷启动及手势"→"隔空手势"，确保隔空截屏开关已开启，如图 6 – 1 所示。

图 6 – 1

②将手掌朝向屏幕，放在距离屏幕半臂的位置稍作停顿，待屏幕上方出现小手图标后，握拳截屏。

（2）指关节截取屏幕。

①进入"设置"→"辅助功能"→"快捷启动及手势"→"截屏"，确保指关节截屏开关已开启。

②单指指关节稍微用力并连续快速双击屏幕，截取完整屏幕。

（3）使用组合键截取屏幕。

同时按下电源键和音量下键截取完整屏幕。（不同手机截图使用组合键有所不同）

（4）使用快捷开关截取屏幕。

从屏幕顶部状态栏下滑出通知面板，继续向下滑出整个菜单，点剪刀图标截取完整屏幕。

（5）分享、编辑或继续滚动截长图。

截屏完成后，左下角会出现缩略图。此时可以：

①向下滑动缩略图，可以继续滚动截长屏。

②向上滑动缩略图，选择一种分享方式，快速将截图分享给好友。

③点击缩略图，可以编辑、删除截屏。

截屏图片默认保存在图库中。

（6）使用指关节手势滚动截长图。

①单指指关节敲击屏幕并保持指关节不离开屏幕，稍微用力画"S"，屏幕将自动向下滚动截屏。

②滚动过程中，点击滚动区域可停止截屏。

此外，还可以用扫描仪及数字转换设备直接拍摄自然景象，或利用现成的图像库下载图片。

三、图片的处理

像素图（点阵图）常见的图片处理软件有 Photoshop、CorelDRAW、ACDSee、美图秀秀等。

下面我们以 Photoshop 和 ACDsee 为例讲讲使用方法。

（一）Photoshop

1. Photoshop 启动

点击"任务栏"的"开始"按钮，选择"所有程序"下的"Adobe"的"Photoshop CS4"图标，或在桌面双击该图标。

2. Photoshop 界面和工具框

如图 6 - 2 所示。

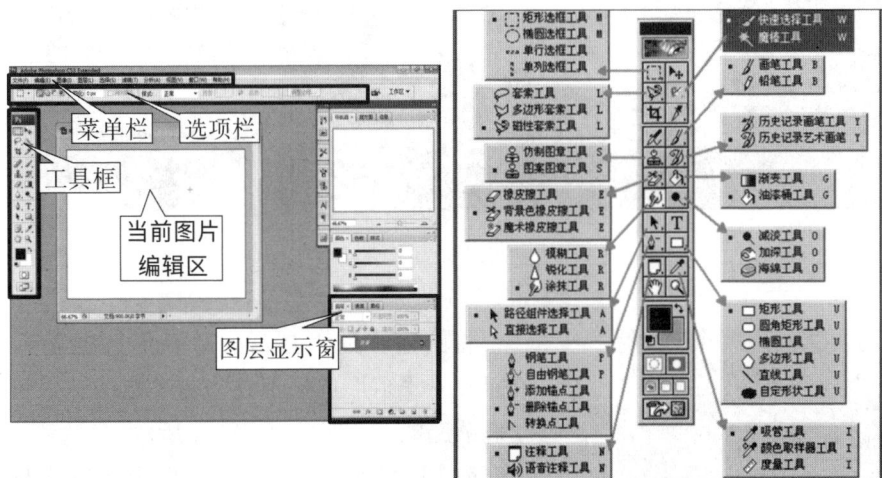

图 6 - 2

3. 图片文件打开方法

①菜单栏："文件"→"打开"；②快捷键：Ctrl + O；③双击编辑区。

4. 图片的存储、存储为

菜单栏：①"文件"→"存储"；②"文件"→"存储为"。

快捷键：①存储：Ctrl + S；②存储为：Ctrl + Shift + S。

5. 抠取所需图形

在教学 PPT 或微课制作中经常会使用不同的图片，有时需要选取图片中的一部分，这时需要对图像的指定区域进行编辑处理，一般需要先为该区域建立选区，选区内的图像能被编辑处理，而选区外的图像则不受影响。

选区的主要方法有：选框工具创建规则选区、套索工具创建不规则选区和魔棒工具选取颜色相近的选区。

案例 1：从图片中选择特定图形

操作步骤：

(1) 启动 Photoshop。

(2) 用 Photoshop 菜单栏：点击"文件"→打开"雪山"图片（放在"图片处理"下的"素材"文件夹中），如图 6 – 3 所示。

图 6 – 3

图 6 – 4

(3) 将鼠标移到工具框的"矩形选框工具"上，鼠标长按"矩形选框工具"右下角的三角形，选择"椭圆选框工具"，如图 6 – 4 所示。

(4) 利用"椭圆选框工具"出现十字光标，在适当的位置按住鼠标画出圆形或椭圆选区选择"天坛"图片，如果选区框位置不合适可以将鼠标移至虚线，当鼠标带箭头标记时，可以按住鼠标移动虚线直至合适为止。

（5）在菜单栏下方的"工具选项属性栏"选择羽化值为"5 像素"，如图 6-5 所示。

图 6-5

（6）用编辑菜单栏选择"拷贝"，可以在文档中进行粘贴或在 Photoshop 新建文件将其粘贴为新图形文件，如图 6-6 所示。

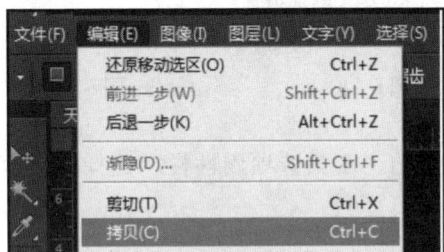

图 6-6

案例 2：从人物图片中去掉背景勾选出指定图形

操作步骤：

（1）启动 Photoshop。

（2）用 Photoshop 菜单栏：点击 "文件"→打开"人物"图片（放在 "图片处理"下的"素材"文件夹中）。

（3）将鼠标移到工具框的"套索工具"上，鼠标长按"套索工具"右下角的三角形，选择"多边形套索工具"，如图 6-7 所示。

（4）先用"缩放工具"将图形放大，如图 6-8 所示。

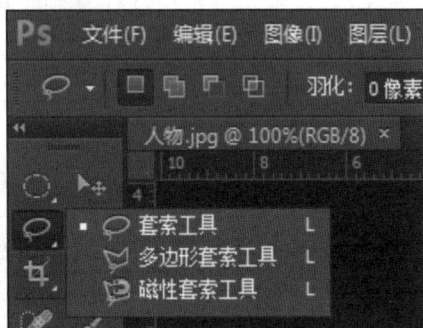

图 6-7

（5）使用多边形套索工具，先在图像上单击确定多边形选区的起点，移动鼠标时会有一条直线跟随着鼠标，沿着要选择形状的边缘到达合适的位置后，单击鼠标左键创建一个转折点，按照同样的方法沿着选区边缘移动并依次创建各个转折点，最终回到起点后单击鼠标完成选区的创建，如图 6 - 9 所示。

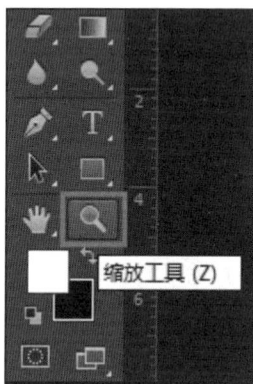

图 6 - 8　　　　　　　　图 6 - 9

（6）在菜单栏下方的"工具选项属性栏"选择羽化值为"5 像素"，如图 6 - 10 所示。

图 6 - 10

（7）用编辑菜单栏选择复制，可以在 PPT 文档中进行粘贴或在 Photoshop 新建文件将其粘贴为新图形文件，如图 6 - 11 所示。

图 6 - 11

案例3：从图片中去掉灰色背景勾选出指定图形

如图6-12所示。

图6-12

魔棒工具可用于选取颜色相近的选区，可以一次性选择与取样点相同的颜色像素。它的操作方法较为简单，只要在所需选择图像的颜色区域中任意单击即可将所有与采样点相近的像素区域都包含在内。

操作步骤：

（1）启动Photoshop。

（2）用Photoshop菜单栏：点击"文件"→打开"手提"图片（放在"图片处理"下的"素材"文件夹中）。

（3）将鼠标移到工具栏的"魔棒工具"上，鼠标长按"魔棒工具"右下角的三角形，选择"魔棒工具"，如图6-13所示。

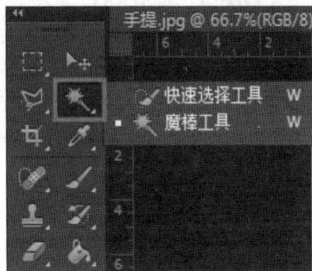

图6-13

（4）在"魔棒工具"工具选项栏的"容差"中填入适当的数值，如填入"40"（魔术棒容差为0时，只能选择相同的颜色，容差越大颜色范围越广泛），如图6-14所示。

图6-14

（5）在"手提"图像背景上用魔棒工具单击鼠标左键，对应的"手提"背景被选择到选区当中，我们要选择的是"手提"而不是背景，因此要进行以下操作：在菜单的"选择"栏中选择"反向"，这样选择选区就变为"手提"，如图6－15所示。

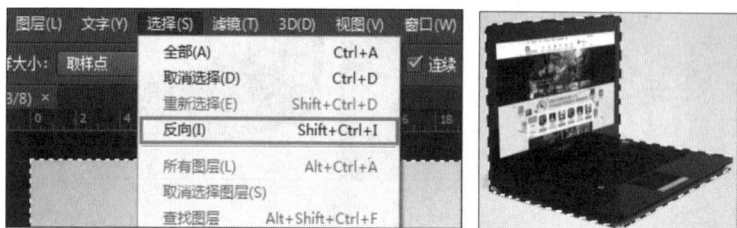

图 6－15

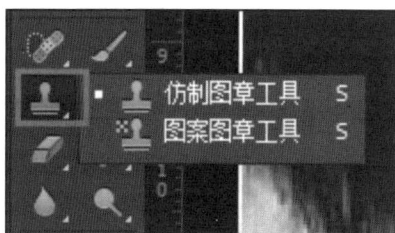

图 6－16

（6）用编辑菜单栏选择复制，可以在PPT文档中进行粘贴或在Photoshop新建文件将其粘贴为新图形文件。

（7）抹去多余的图形。图章工具包括仿制图章工具和图案图章工具，如图6－16所示，主要用于图像的复制（快捷键：S）。

仿制图章工具的角色是"复印机"，就是将图像中一个地方的像素原样搬到另外一个地方，使两个地方的内容一致。既然是"复印机"，那就先要有原件，才谈得上"复印"。因此使用仿制图章工具的时候要先定义采样点（定义采样点的方法是按住Alt键并在图像某一处单击。同时，应该把采样点理解为复制的"起始点"而不是复制的"有效范围"），这就是指定原件的位置。

仿制图章工具实际上经常被用来修补图像中的破损之处，以用来改善画面。其方法就是用周围邻近的像素来填充。

案例4：去除人物图像脸上的痘印
操作步骤：

（1）启动Photoshop。

（2）用Photoshop菜单栏：点击"文件"→打开待处理图片（放在"图片处理"下的"素材"文件夹中）。

（3）用"缩放工具"，将图形放大，如图6-17所示。

（4）选择工具箱中的"仿制图章工具"，按下键盘 Alt 键，此时光标变为十字状，在确定要复制的采样点位置单击鼠标左键，然后松开 Alt 键，如图6-18所示。

（5）按住鼠标左键，拖动鼠标在图像的任意位置开始复制。

图6-17　　　　　　　　　图6-18

注意事项：

（1）尽可能使用不同的采样点，并非只有附近的区域才能作为采样点，在较远的区域中有时也有可供利用的部分。

（2）注意笔刷大小及软硬的设定，大小较容易掌握，而软硬的效果较难预见，一般的规律是：在图像中没有边界分明的图像的情况下使用较软的笔刷，这样可获得较好的融合效果，如图6-19所示。

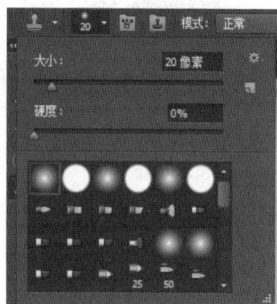

图6-19

案例5：截取尺寸相同的图片

裁剪工具是我们经常使用的工具，在修改图片大小的时候我们首先选择的就是裁剪工具，如图6-20所示。

在"裁剪工具"选项栏下直接输入需要的长宽比，如图6-21所示。

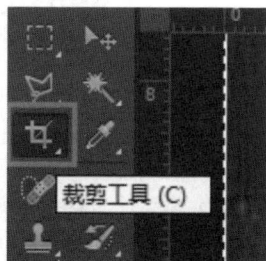

图6-20

图 6 - 21

截取尺寸相同的图片，方便排版，如图 6 - 22 所示。

0420

0421

0422

0423

图 6 - 22

将素材文件夹中编号为 0420. jpg、0421. jpg、0423. jpg 的三张尺寸不一的图片都裁剪为 320 × 256 像素，与 0422. jpg 图片尺寸一致。

操作步骤：

（1）启动 Photoshop。

（2）用 Photoshop 菜单栏：点击 "文件" →打开 "0420. jpg" 图片（放在 "图片处理" 下的 "素材" 文件夹中），如图 6 - 23 所示。

图 6 - 23

（3）选择工具箱中的 "裁剪工具"。选择裁剪工具后在需要裁剪的位置按住鼠标左键然后拖动即可，可随意拖动调节大小不受限制。这种方法是最常使用的，一般适用于选择图片中的某一部分或者去掉图片中的边界部分。

（4）选择"裁剪工具"，选择工具栏"尺寸框"，选择"大小和分辨率"栏，在"裁剪图像大小和分辨率"对话框的"宽度"和"高度"框内分别输入"320 像素"和"256 像素"，在"分辨率"框内输入"96 像素/英寸"，如图 6 - 24 所示。

（5）移动图片，选择合适的内容和位置，然后双击鼠标进行确认，如图 6 - 25 所示。

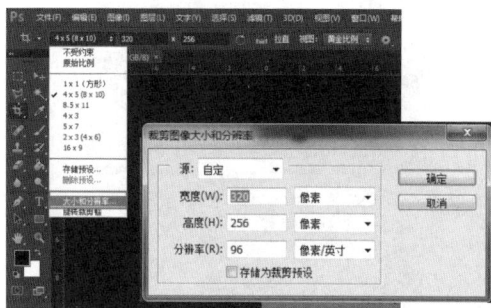

图 6 - 24

图 6 - 25

（6）查看图片的大小。点击菜单栏"图像"→"图像大小"，在弹出的面板中就可以查看图片大小了，如图 6 - 26 所示。

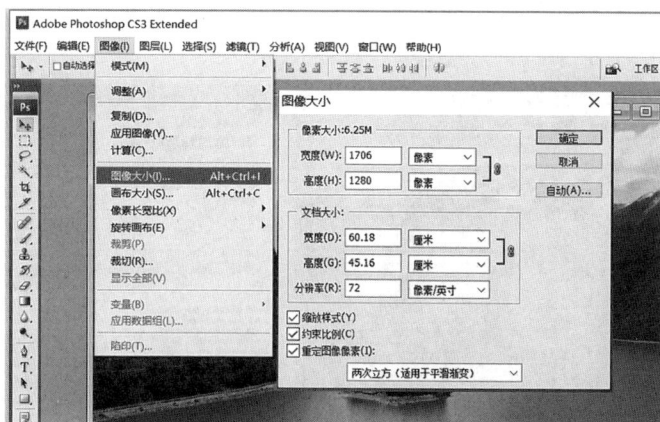

图 6 - 26

（二）ACDSee

案例6：使用 ACDSee 软件对图片进行批量处理

操作步骤：

（1）打开 ACDSee 软件，找到待处理的图片文件夹。

（2）选中需要改名的图片，如图6－27所示。

图6－27

（3）单击右键，选择"批量重命名"，如图6－28所示。

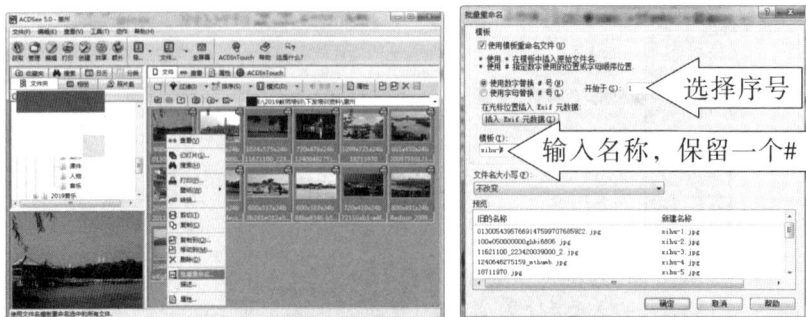

图6－28

（4）批量调整大小，操作步骤如图 6 – 29 所示。

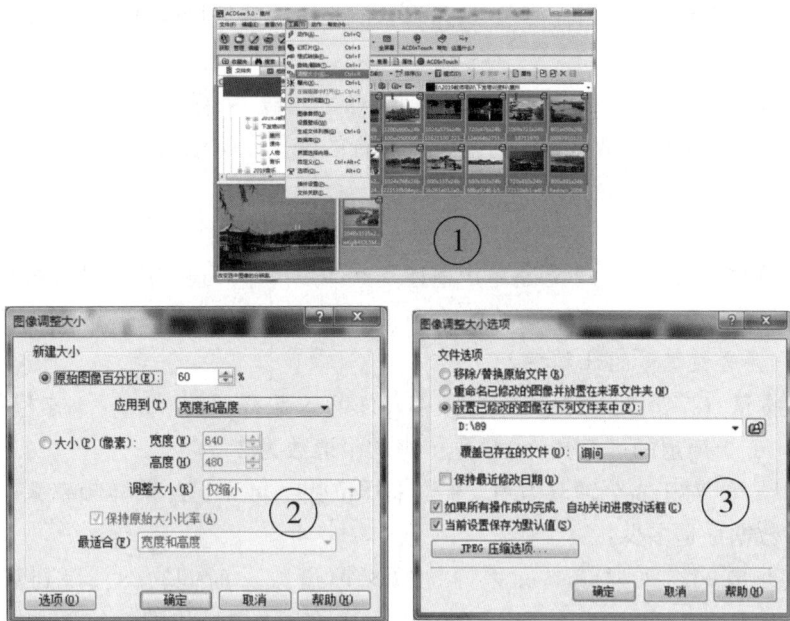

图 6 – 29

第二节　音频素材获取与加工

一、什么是音频文件

音频文件通常分为声音文件和 MIDI 文件两类。声音文件是通过声音录入设备录制的原始声音，直接记录了真实声音的二进制采样数据；MIDI 文件是一种音乐演奏指令序列，可利用声音输出设备或与计算机相连的电子乐器进行演奏。

二、音频文件常识

声卡对声音的处理用采样频率、采样位数和声道数三个基本参数来衡量。声卡一般提供 11.025 kHz、22.05 kHz 和 44.1 kHz 等不同的采样频率。

1. 采样频率

采样频率是指单位时间内的采样次数。采样频率越高，采样点之间的间隔就越小，数字化后得到的声音就越逼真，但相应的数据量就越大。

2. 采样位数

采样位数是记录每次采样值数值大小的位数。采样位数通常有 8 bits 或 16 bits 两种，采样位数越大，所能记录声音的变化就越细腻，相应的数据量就越大。

3. 声道数

声道数是指处理的声音是单声道还是立体声。单声道在声音处理过程中只有单数据流，而立体声则需要左、右声道的两个数据流。

4. 声音数据量的计算公式

数据量（字节/秒）=［采样频率（Hz）×采样位数（bit）×声道数］/8（其中，单声道的声道数为 1，立体声的声道数为 2）。

问题 1：对于 3 分钟双声道、8 位采样位数、44.1 kHz 采样频率，声音的不压缩数据量是多少？

数据量 =（采样频率×采样位数×声道数×时间）/8，得到数据量（MB）=［44.1×1 000×8×2×（3×60）］/（8×1 024×1 024）=15.14 MB。

计算说明：

（1）时间单位换算：1 分 =60 秒。

（2）采样频率单位换算：1 kHz =1 000 Hz。

（3）数据量单位换算：1 MB =1 024×1 024 =1 048 576 B。

问题 2：对于单声道立体声、采样频率为 44.1 kHz、采样位数为 16 位的激光唱盘（CD-A），用一个 650 MB 的 CD-ROM 可存放多长时间的音乐？

音频文件大小的计算：文件的字节数/每秒 =采样频率（Hz）×采样位数（位）×声道数/8。

根据公式计算一秒钟内的数据量：

（44.1×1 000×16×1）/8 =0.084 MB/s

一个 650 MB 的 CD-ROM 可存放的时间为：

（650/0.084）/（60×60）=2.149 小时

三、声音的格式

1. MP3 格式

MP3 的全称是"Moving Picture Experts Group Audio Layer Ⅲ"。简单地说，

MP3 就是一种音频压缩技术，是一种有损压缩格式。用 MP3 形式存储的音乐叫作"MP3 音乐"，能播放 MP3 音乐的机器叫作"MP3 播放器"。

2．WAV 格式

WAV 格式是微软公司开发的一种声音文件格式，也叫"波形声音文件"，是最早的数字音频格式，被 Windows 平台及其应用程序广泛支持。标准格式化的 WAV 文件和 CD 格式一样，也是 44.1 kHz 的取样频率、16 位量化数字，因此其声音文件质量和 CD 相差无几。WAV 是最接近无损的音乐格式，所以文件数据量也相对比较大。

3．WMA 格式

WMA 的全称是"Windows Media Audio"，是微软力推的一种音频格式。WMA 格式以减少数据流量但保持音质的方法来达到更高的压缩率目的，其压缩率一般可以达到 1∶18，生成的文件大小只有相应 MP3 文件的一半，非常适合用于网络流媒体。

4．MID 格式

MID 是 midi 的简称，是它的扩展名。＊.mid 格式的最大用处是在电脑作曲领域。＊.mid 文件可以用作曲软件写出，也可以通过声卡的 MIDI 口把外接音序器演奏的乐曲输入电脑里而制成。

5．AIFF 格式

AIFF 是音频交换文件格式的英文缩写，后缀为".aif"或".aiff"。AIFF 是苹果计算机公司开发的一种音频文件格式，为 Macintosh 平台及其应用程序所支持，Netscape Navigator 浏览器中的 LiveAudio 也支持 AIFF 格式，SGI 及其他专业音频软件也同样支持这种格式，还支持 16 位 44.1 kHz。

6．Audio 格式

Audio 文件是 Sun Microsystems 公司推出的一种经过压缩的数字音频格式，是互联网中常用的声音文件格式，后缀为".au"。Audio 文件原先是 UNIX 操作系统下的数字声音文件。由于早期互联网上的 Web 服务器主要是基于 UNIX 的，所以这一格式的文件在如今的互联网中也是常用的声音文件格式。

7．FLAC 格式

FLAC 属于无损失音频文件压缩格式，使用此编码的音频数据几乎没有任何信息损失。FLAC 全称为"Free Lossless Audio Codec"，中文名为"无损音频压缩编码"，该文件占用空间较大，适合存储于计算机或者大容量手机之中，适合音乐发烧友使用。

四、声音文件的获取

获取声音的主要途径有：网上下载、录制声音、AI 软件语音合成等。

1. 网上下载

常有的音乐网站有酷狗（https：//www. kugou. com/）、QQ 音乐（https：//y. qq. com/）、网易云音乐（https：//music. 163. com/）、千千音乐（https：//music. 91q. com/）等。

2. 录制声音

录制声音的途径主要有录制麦克风声音和录制电脑系统声音两种。

操作步骤：

（1）准备麦克风。可以选用专业电容 3.5 英寸插头直播麦克风。

（2）连接电脑。根据麦克风接头与电脑声卡接口进行接线，如图 6-30 所示。

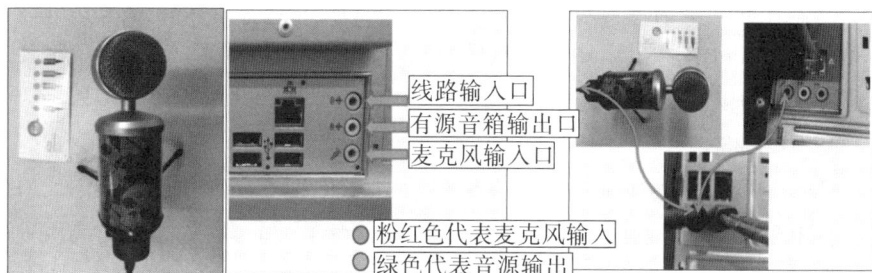

线路输入口
有源音箱输出口
麦克风输入口

粉红色代表麦克风输入
绿色代表音源输出

图 6-30

（3）调整录制音量，如图 6-31 至图 6-35 所示。

1. 在任务栏右下角中右击"喇叭"图标，选择"录音设备"

图 6-31

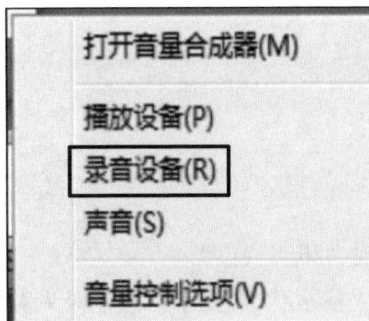

图 6 - 32

2.选择"麦克风"设备，并单击"属性"按钮，调整录制音量

图 6 - 33

3.用"麦克风"调整条，选择适当的录制音量幅度

图 6 - 34

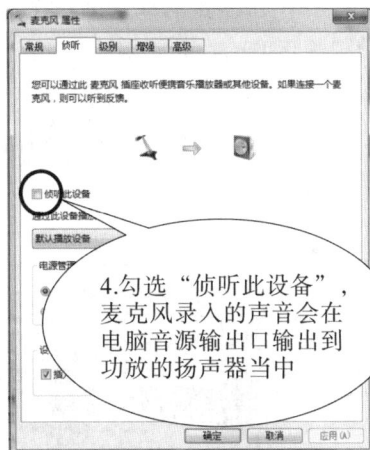

4.勾选"侦听此设备"，麦克风录入的声音会在电脑音源输出口输出到功放的扬声器当中

图 6 - 35

（4）选择合适的录音软件。录音软件有很多，比较常见的如 GoldWave 软件。它是一个功能强大的数字音乐编辑器，也是一个集声音编辑、播放、录制和转换于一体的音频工具。

（5）保存录制声音。在录音软件中，对录制或编辑处理完毕的波形文件，在"文件"菜单中点选"保存"或"另存为"，选择适合保存的文件夹，选择存储的类型为 MP3，确定后保存。

录制电脑系统声音的操作方法与使用软件录屏方法一样，具体操作详见录屏软件介绍，录制电脑系统声音与软件录制电脑屏幕的不同之处在于其保存文件格式主要为声音格式（MP3 格式），而不是视频的 MP4 格式。

3. AI 软件语音合成

语音合成，又称"文语转换技术"，顾名思义就是将文字信息转化为可听的声音信息，让机器像人一样开口说话。

语音合成可使用微信小程序"科大讯飞"。

操作步骤：

（1）打开微信。

（2）点击"发现"栏选择"小程序"。

（3）点击右上角的"查找"图标，查找"讯飞快读"。

（4）在"讯飞快读"小程序中，选择"粘贴/输入文字"按钮录入对应的文字，选择相应的选项进行文字朗读。

4. 用 GoldWave 简单编辑声音

GoldWave 是一个功能强大的数字音乐编辑器，也是一个集声音编辑、播放、录制和转换的音频工具。

GoldWave 启动界面如图 6 - 36 所示，其中控制窗口（选中"工具"菜单中的"控制器"，可打开设备）的作用是播放声音以及录制声音，窗口各部分的作用如图 6 - 37 所示。

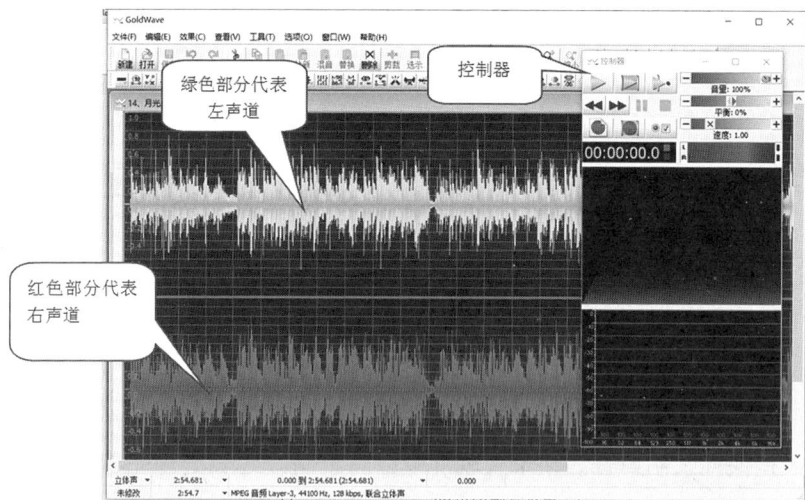

图 6 - 36

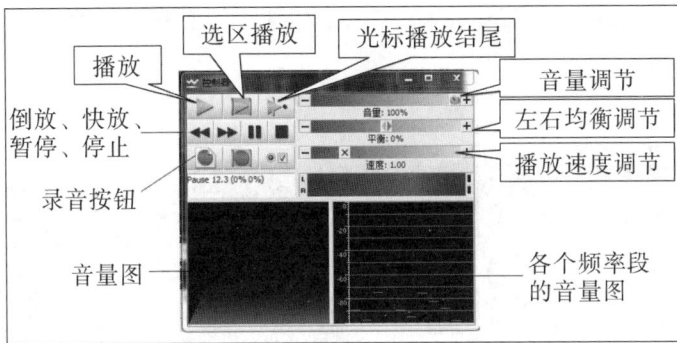

图 6 - 37

下面结合案例说明如何对波形文件进行简单操作。

案例 1：利用 GoldWave 软件增加嚓声

操作步骤：

（1）选择波形段。对声音进行编辑的操作主要有拷贝、剪切和删除声音波形段，但做这些操作前都必须先选择声音波形段。

①启动 GoldWave 软件，点击"文件"菜单的"打开"按钮，打开"素材"文件夹下"嚓声 . wav"声音文件。在默认情况下，操作界面中波形声音文件处于全选状态，蓝色区域部分为选择区，如图 6 - 38 所示。

②在波形图上用鼠标左键确定所选波形的开始位置。鼠标移动到开始位置，点击鼠标左键，即会出现一根蓝色的直线，表示波形段的开始位置，如图 6 - 39 所示。

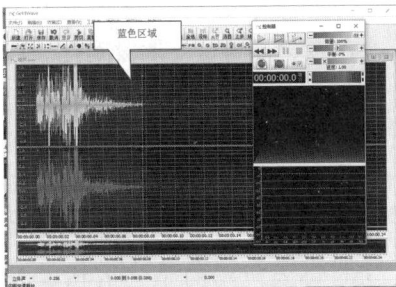

图 6 - 38

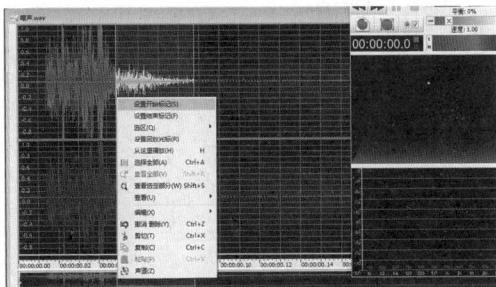

图 6 - 39

③在波形图上用鼠标右键确定波形的结尾位置。鼠标移动到结束位置，点

击鼠标右键，选择"设置结束标记"将出现另一根蓝线，决定波形的结尾，如图 6 - 40 所示。

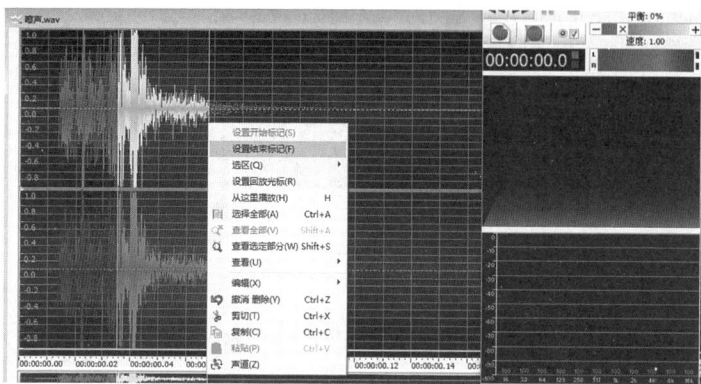

图 6 - 40

蓝色区域部分为选择区，选择合适区域可以进行拷贝、剪切、插入和删除声音波形段操作。

（2）复制波形段。与其他 Windows 应用程序一样，拷贝分为复制和粘贴两个步骤：首先，选择波形段以后，按下工具栏上的"复制"按钮，选中的波形即被复制；然后用鼠标选择需要粘贴波形的位置（配合使用鼠标左键和右键来选择插入点）；最后用鼠标点击工具栏上的"粘贴"按钮，刚才复制的波形段就会被粘贴到所选的位置了。

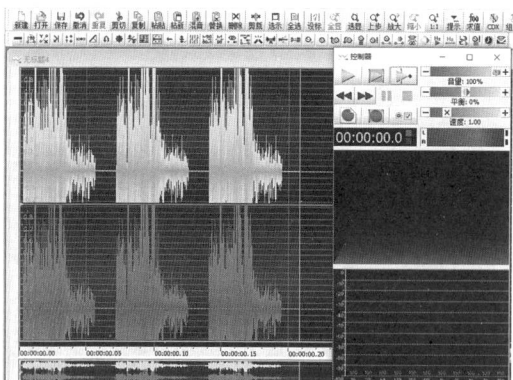

图 6 - 41

（3）剪切波形段。剪切波形段与拷贝波形段的区别是：拷贝波形段是把一段波形复制到某个位置，而剪切波形段是把一段波形剪切下来，粘贴到某个位置。剪切波形段与拷贝波形段的操作方法一样，只是拷贝的时候所用的是"复制"按钮，而剪切的时候所用的是"剪切"按钮，如图 6 - 41 所示。

（4）删除波形段。删除波形段是直接把一段选中的波形删除，而不保留在剪贴板中。选中波形后，可以使用键盘上的 Delete 键删除，或者使用软件工具栏上的"删除"按钮。

在"嚓声"声音波形中，原来只有 1 次嚓声，利用"复制"按钮进行复制，然后在"嚓声"声音波形后面选择相应位置进行粘贴 2 次后，就将声音编辑增加为 3 次嚓声，如图 6 - 42 所示。

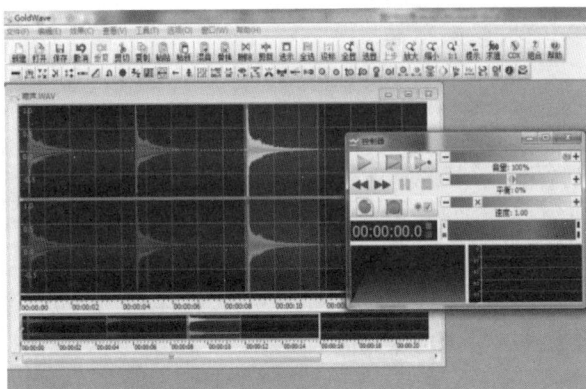

图 6 - 42

案例 2：从素材文件中截取一段音乐作为手机铃声

操作步骤：

（1）在桌面上启动 GoldWave 软件，点击"文件"菜单的"打开"按钮，打开"素材"文件夹下"小苹果.mp3"声音文件。在默认情况下，操作界面中波形声音文件处于全选状态，蓝色区域部分为选择区。

（2）将鼠标移动到约 47.8 秒处，点击鼠标右键即会出现快捷菜单，选择"设置开始标记"，确定波形的开始位置，如图 6 - 43 所示。

（3）将鼠标移动到 1 分 19.7 秒位置作为结束点，点击鼠标右键，选择"设置结束标记"出现另一根蓝线，决定波形的结尾，如图 6 - 44 所示。

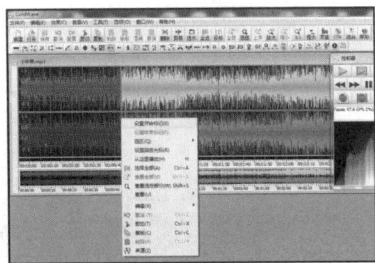

图 6 - 43

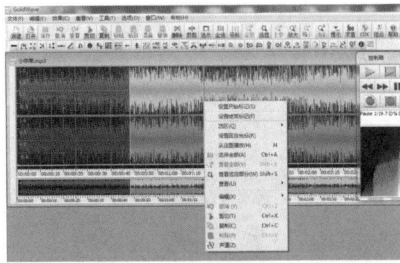

图 6 - 44

（4）选择波形段以后，按下工具栏上的"复制"按钮，选中的波形即被复制；用鼠标点击工具栏上的"粘贴"按钮，刚才复制的波形段就会被粘贴到新文件当中。

（5）将新的波形文件通过 GoldWave 软件的"文件"菜单的"保存"命令按钮存储到指定的文件夹（例如"电脑桌面"）中，储存格式可选 MP3，如图 6-45 所示。

图 6-45

案例 3：把几段不同的学生体育大课间音乐合并在一起，实现全自动播放
操作步骤：

（1）打开 GoldWave 软件，单击"工具"菜单→"文件合并"进入文件合并页面，如图 6-46 所示。

（2）弹出文件合并的界面，单击"添加文件"按钮选择需要合并的音频文件，按住 Ctrl 键选择两首或者多首音乐，选择"添加"选中的音乐，如图 6-47所示。

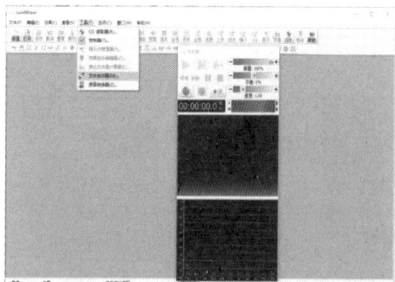

图 6-46

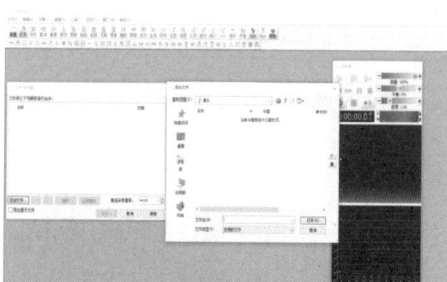

图 6-47

（3）选中音乐可以调整两首音乐的先后顺序，选中第一首音乐可以向下调整，选中第二首可以向上调整，确定后执行下一步操作，如图6-48所示。

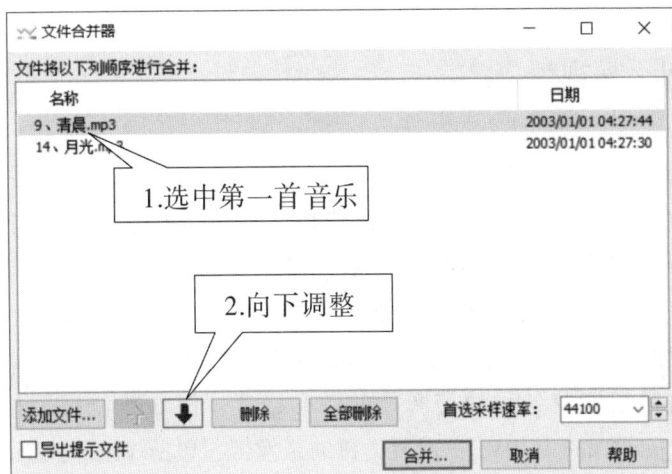

图6-48

（4）选择"首选采样率"参数时，如果两个或多个音频文件的采样率不同，我们要选择较低的采样率作为首选采样率，还可选择导出提示文件和保留所有提示点，确定后单击"合并"，完成音频合并，如图6-49所示。

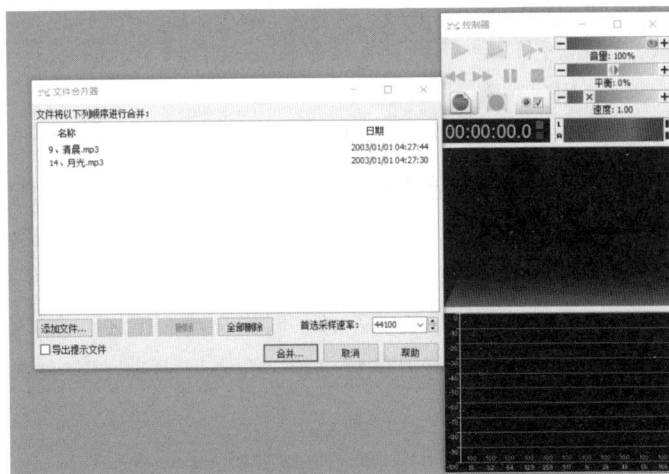

图6-49

第三节　视频素材获取与加工

一、什么是视频

1. 视频

视频（video）泛指将一系列静态影像以电信号的方式加以捕捉、记录、处理、储存、传送与重现的各种技术。当连续的图像变化每秒超过 24 帧（frame）画面时，根据视觉暂留原理，人眼无法辨别单幅的静态画面，其呈现出平滑连续的视觉效果，这样连续的画面叫作"视频"。

视频通常指涉及各种动态影像的储存格式，例如数位视频格式，包括 MPEG-4、QuickTime 与 DVD，以及类比的录像带，包括 VHS 与 Betamax。

2. 手机视频

手机视频是指基于移动网络（5G、Wi-Fi、PRS、GEDGE 等网络），通过手机终端，向用户提供的各类音视频内容点播、直播、下载服务。通常需要对原始视频源进行转码，使其适用于手机观看。手机视频转码方式主要有两种：离线转码和实时转码。

离线转码是指事先对视频节目源按一定的格式、码率等进行转码处理，存储后供用户通过手机访问。

实时转码是指手机用户对某个节目源提出观看请求，转码系统根据该请求，将视频呈现给用户观看。

3. 短视频

即短片视频，是一种互联网内容传播方式，一般是指在互联网新媒体上传播的时长在 5 分钟以内的视频。随着移动终端的普及和网络的提速，短平快的传播内容逐渐获得各大平台、粉丝和资本的青睐。其内容融合了社会热点、技能分享、公益教育、幽默搞怪、街头采访、时尚潮流、广告创意、商业定制等主题。由于内容较短，短视频可以单独成片，或者形成系列栏目。

二、视频的常用格式

微软视频：.wmv、.asf、.asx。

Real Player：.rm、.rmvb。

MPEG 视频：.mpg、.mpeg、.mpe。

手机视频：.3gp。

Apple 视频：.mov。

Sony 视频：.mp4、.m4v。

其他常见视频格式：.avi、.dat、.mkv、.flv、.vob。

三、视频的获取

视频的获取有以下几种途径：①网上下载；②手机、DV 录制；③录屏（如喀秋莎录屏 Camtasia Studio 软件、优酷软件、会声会影软件）；④用软件（如 QQ 影音、会声会影等）加工合成；⑤手机 App 下载，如通过抖音下载。

案例 1：利用 360 浏览器插件从网上下载视频

操作步骤：

（1）确保电脑安装 360 安全浏览器，没有安装浏览器的可以打开 360 官方网址下载。

（2）安装视频下载插件。在 360 安全浏览器标题栏上单击鼠标右键，勾选弹出菜单的插件栏，如图 6-50 所示。

（3）点击插件栏中"扩展"的下拉按钮，选择"扩展管理"项，如图 6-51 所示。

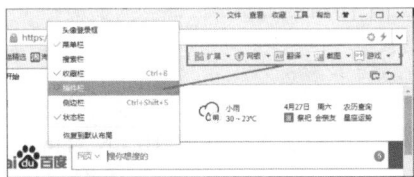

图 6-50

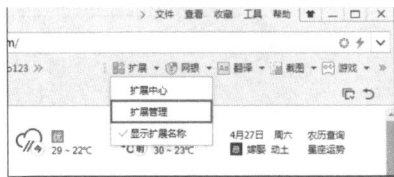

图 6-51

（4）在"扩展管理"页面的右上角位置，用鼠标点击"添加更多扩展"，如图 6-52 所示。

（5）在"360 应用市场"页面右上角的搜索栏搜索"视频下载"关键字，如图 6-53 所示。

图 6 – 52　　　　　　　　　　　　　　　　图 6 – 53

（6）在搜索结果中，找到"猫抓 – 视频下载神器"插件进行安装，如图 6 – 54 所示。

图 6 – 54

（7）安装成功后，在浏览器的插件栏会显示出"猫抓"的图标，如图 6 – 55 所示。

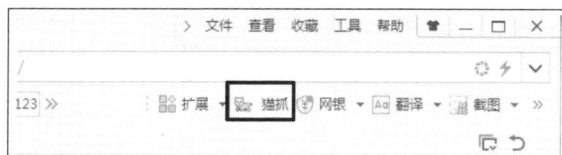

图 6 – 55

（8）访问网址 http：//news. cctv. com/2023/02/19/ARTI7HGdN8GanzCP1jb A3ZLO230219. shtml，然后"猫抓"插件栏会出现"7"的标识，这说明有 7 个视频可以下载，如图 6 – 56 所示。

图 6 – 56

（9）点击"猫抓"插件，出现一个对话框，点击箭头按钮进行下载。在下载对话框中，选择"下载到桌面"，下载完成后桌面上会出现所下载的视频，如图6－57所示。

图6－57

案例2：利用 Camtasia Studio 软件录制网上视频

使用 Camtasia Studio 7.1 版本软件进行录制。软件启动后会出现如图6－58所示界面。

图6－58

Camtasia Studio 7.1 界面主要由菜单栏和三大区域组成，三大区域（如图6－58所示）分别为功能区、预览区、编辑区。菜单栏提供所有功能的选单，功能区顶部为制作的流程，分别为"录制屏幕""导入媒体""生成并共享"选项（如图6－59所示）。

图6－59

录制视频必须先清理桌面，关闭无关应用（如 QQ）和浮动的小窗口（如 360 加速球）。

操作步骤：

（1）启动 Camtasia Studio 7.1 软件。

（2）用浏览器访问视频网址，打开网页，找到播放视频的开始位置并暂停播放。

（3）在任务栏中，用鼠标切换到 Camtasia Studio 7.1 软件，点击软件左上方的"录制屏幕"按钮。

（4）根据网页的播放视频确定录制屏幕大小，选择"全屏"或"自选大小"（如图 6 - 60 所示），选择"自选大小"后可以调整选择区域 8 个调整点来确定录制屏幕大小。

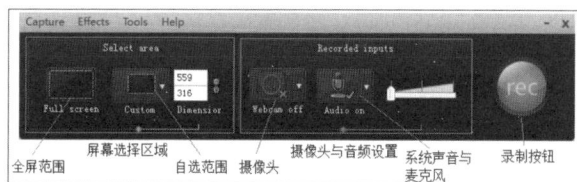

图 6 - 60

（5）在"摄像头与音频设置"选项中，设置录制声音为"系统声音"，如图 6 - 61 所示。

（6）设置好录制屏幕大小和录制音频选项，点击"录制（Record）"按钮进行录制，录制时会进行 3 秒倒数（如图 6 - 62 所示），开始后对网上暂停的视频进行播放，如果要停止录制可以按键盘快捷键 F10。

图 6 - 61

图 6 - 62

（7）录制完毕后会弹出展示窗口，如图6－63所示。

（8）右下角三个按钮分别为"保存并编辑""生成发布""删除"，如图6－64所示。

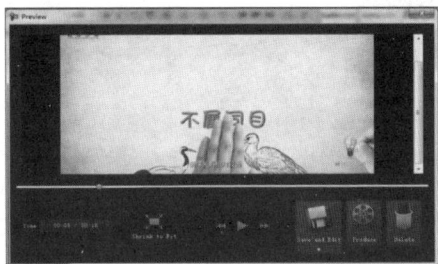

图6－63

图6－64

（9）选择"保存并编辑"按钮，将录屏的文档保存在桌面上，对录制的视频进行后期编辑和发布。

（10）保存好文档后，会进入Camtasia Studio 7.1软件编辑界面，如图6－65所示。

图6－65

同时画面会出现"编辑输出的视频与录制屏幕的尺寸是否一致"的选择提示，如图6－66所示。

（11）利用Camtasia Studio 7.1软件进行编辑，对于多录制的视频进行分割，删除错误的片段，编辑完成后点击"生成与共享"按钮进行渲染输出，如图6－67所示。

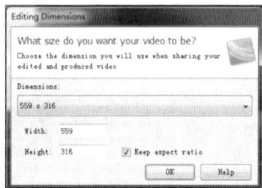

图 6 - 66   图 6 - 67

（12）选择"自定生成设置"，再选择"下一步"按钮，将输出视频格式设置为 MP4 格式，如图 6 - 68 所示。

（13）在 Flash 播放器"控制器"选项中选择"No Controls"后，按"下一步"按钮，如图 6 - 69 所示。

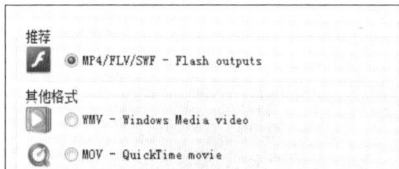

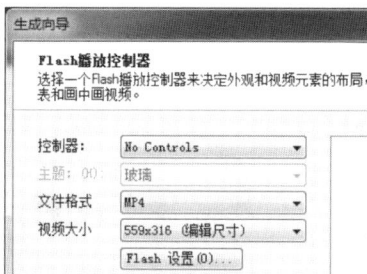

图 6 - 68   图 6 - 69

（14）在"视频选项"中不作设置、不添加水印等，按"下一步"按钮。

（15）在"视频选项"的"生成视频"选项中，确定输出视频文件的名字和输出存放位置后，点击完成按钮后软件即会渲染生成视频文件，如图 6 - 70 所示。

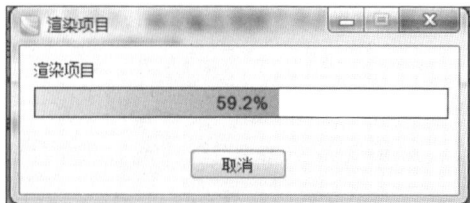

图 6 - 70

第七章　演示文稿的高级应用

第一节　常规使用

WPS 是英文 Word Processing System（文字处理系统）的缩写。WPS 是由金山软件股份有限公司自主研发的一款办公软件套装，具有办公软件最常用的文字、表格、演示等多种功能，具有内存占用低、运行速度快、体积小、强大插件平台支持、免费提供海量在线存储空间及文档模板、支持阅读和输出 PDF 文件、全面兼容微软 Office 97 – 2010 格式（doc/docx/xls/xlsx/ppt/pptx 等）等独特优势。WPS Office 支持桌面和移动办公。

WPS 集编辑与打印于一体，具有丰富的全屏幕编辑功能，而且还提供了各种控制输出格式及打印功能，使打印出来的文稿既美观又规范，基本上能满足各界文字工作者编辑、打印各种文件的需要。

WPS 演示文稿是运行在 Windows 操作系统下的专门用于制作演示文稿的软件，其界面与 Windows 界面相似，与 Word 和 Excel 的使用方法大部分相同，提供多种窗口式的布局及详细的帮助文件。

一、新建幻灯片（添加幻灯片）

方法一：在"开始"选项卡的"幻灯片"组中，单击"新幻灯片"。

方法二：将插入点放在"大纲"或"幻灯片"选项卡上，然后按回车键。

方法三：在"幻灯片"选项卡的空白处，单击鼠标右键，选取"新幻灯片"。在"幻灯片版式"任务窗格中，单击所需版式。

二、复制、删除、排序幻灯片

1. 复制

在"幻灯片"选项卡中，选取要复制的幻灯片（如果希望按顺序选取幻灯片，请在单击时按住 Shift 键。若不按顺序选取幻灯片，请在单击时按住 Ctrl 键）。

在"开始"选项卡的"剪贴板"组中，选取"复制"。

在"开始"选项卡的"剪贴板"组中，选取"粘贴"。

另外，粘贴选项有三种方式，可根据不同情况选择不同选项。

2. 删除

在普通视图的"大纲"或"幻灯片"选项卡上，选取要删除的幻灯片（如果希望按顺序选取幻灯片，请在单击时按住 Shift 键。若不按顺序选取幻灯片，请在单击时按住 Ctrl 键）。在选取的幻灯片上，单击鼠标右键，选取"删除幻灯片"。

3. 排序

创建演示文稿时，可能需要更改幻灯片的顺序。

方法一：在大纲窗格中，选择要移动的幻灯片缩略图，然后将其拖动到新的位置。

方法二：选择"视图"→"幻灯片浏览"模式拖动进行调整。

第二节　文本的处理

一、文字的添加

使用文本框是将文本添加到幻灯片区域中的常见方法。

文本框是一种可移动、可调大小的文字或图形容器。使用文本框，可以在一页上放置数个文字块，或使文字按照与文档中其他文字不同的方向排列。

添加方法：

选择功能区→单击"插入"→"文本框"→在文本框内输入文本。

二、设置字体

方法一：点选功能区字体编辑区直接变更字体。

方法二：点选功能区字体编辑区右下角小箭头打开"高级字体设置"。

方法三：右键点击选中文字，在菜单中选择"字体"（如图 7–1 所示）。

图 7–1

三、文字格式设置

当选择文字的时候，在上方功能区里会多出一个"格式"工具栏，通过该工具栏可以设置文字的字体、字号、对齐方式等。

选中文字后，右键菜单选"设置文字效果格式"可作详细调整（如图 7–2 所示）。

图 7–2

四、插入艺术字

单击"插入"→单击"艺术字"→预设样式→设置文字，如图 7 - 3 所示。

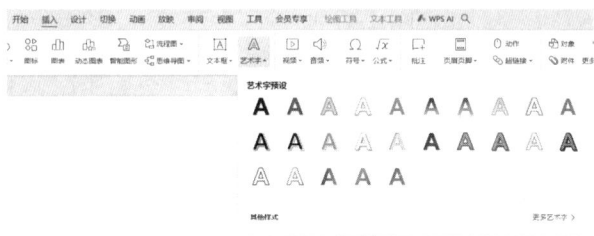

图 7 - 3

五、三维文字的设置

选中输入的艺术字→"文本工具"→"效果"→"三维旋转"，如图 7 - 4 所示。

图 7 - 4

六、改变艺术字的形状

选中输入的艺术字→"文本工具"→"效果"→"转换"→选择对应的形状，如图 7 - 5 所示。

图 7 – 5

第三节　图形图像的处理

本节介绍在演示文稿中的图片处理方法。

幻灯片就像一张白纸，里面的内容需要添加，那么怎样在演示文稿中插入图片呢？可以在 WPS 中选择菜单"插入""图片"，也可以通过"复制""粘贴"完成。

一、插入图片

【操作方法】

第一步，打开 WPS，选取要插入图片的幻灯片，单击"插入"选项卡，如图 7 – 6 所示。

第二步，在对话框中可以从"本地图片""分页插图""手机图片/拍照"选择图片插入，如图 7 – 7 所示。

图 7 – 6

图7-7

第三步，在弹出的"插入图片"对话框中找到图片保存的位置，选择要插入的图片，单击"插入"。

第四步，在"插入图片"对话框中，按住 Shift 键，鼠标分别选择首、尾两张图片，可以选择它们之间连续的多张图片；按 Ctrl 键，鼠标可以分别选中不连续的图片，然后单击"插入"，如图7-8所示。

第五步，多张图片同时插入幻灯片时会叠在一起，调整图片大小，分别把它们移动到合适的位置。

第六步，如果幻灯片版式中有几个图片占位符，同时插入几张图片，图片会自动插入图片占位符中，如图7-9所示。

图7-8

图7-9

二、修饰图片

在幻灯片中加入图片后可以对图片加以修饰调整，达到理想的效果。可以实现"插入形状""添加图片""更改图片""多图轮播""图片拼接""抠除背景"和"批量处理"等各种操作（如图7-10所示）。

图 7 – 10

其中，通过"抠除背景"可以更改图片背景或更换一寸相片的背景。

【操作方法】

第一步，选中插入幻灯片的相片，选择"抠除背景"（如图 7 – 11 所示）。

图 7 – 11

第二步，选择"手动抠图"或者"自动抠图"，达到预期后完成抠图（如图 7 – 12 所示）。

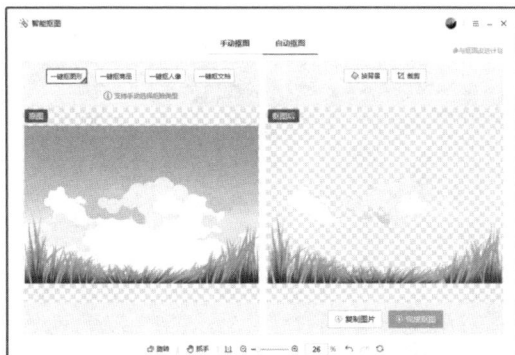

图 7 – 12

第三步，完成抠图后返回幻灯片页面。

第四节　音频和视频的处理

声音和视频是多媒体信息的重要表现形式，如何为演示文稿添加音频和视频呢？下面我们一起学习插入音频和视频的方法。

【操作方法】

第一步，单击新建一张幻灯片，如图 7 - 13 所示。

第二步，选择插入功能，如图 7 - 14 所示。

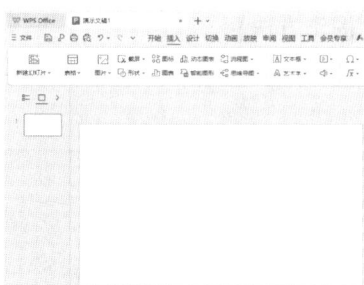

图 7 - 13　　　　　　　　　　　　图 7 - 14

第三步，选择添加音频文件，如图 7 - 15 所示。

第四步，图中所示是音频支持的格式，主流格式包括 MP3、WMA、WAV 等，如图 7 - 16 所示。

图 7 - 15　　　　　　　　　　　　图 7 - 16

第五步，出现小喇叭图标时，可以拖动此图标，如图 7 - 17 所示。

图 7 - 17

第六步，在此处可以更改循环播放模式，如图 7 - 18 所示。

图 7 - 18

第七步，播放幻灯片，就可以播放音频，如图 7 - 19 所示。

图 7 - 19

说明：视频插入方法跟音频插入方法类似。

（1）插入视频，如图 7 - 20 所示。

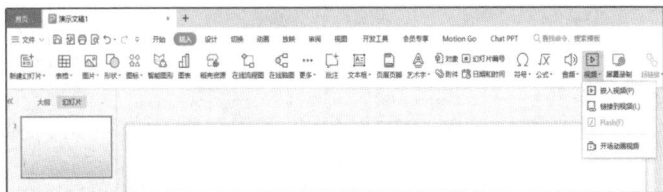

图 7 - 20

（2）设置视频播放方式或者视频剪辑等，如图 7 - 21 所示。

图 7－21

第五节　超链接的使用

在播放演示文稿的过程中，有时会根据需要添加网页链接、连接演示文稿中的其他幻灯片，或者是添加电脑中的其他文件，以下讲解如何设置超链接。

在 WPS 演示文稿中，超链接是从一个幻灯片到另一个幻灯片、网页或文件的连接。

超链接本身可能是文本或对象。如果链接指向另一个幻灯片，目标幻灯片将显示在该演示文稿中。如果链接指向不同类型文件或某个网页，则会在适当的应用程序或网页浏览器中显示目标文件或目标页。超链接在运行演示文稿时被激活，而不能在创建时被激活。当指向超链接、指针变为"手"形时，可以单击超链接，表示超链接的文本以下划线的格式显示，并且文本采用与配色方案一致的颜色。图片、形状和其他对象的超链接没有附加格式。

一、创建超链接

【操作方法】

第一步，选定要创建超链接的对象（文字、图标、按钮、网址），如图 7－22 所示。

第二步，点击"插入"，再点击"超链接"，或使用快捷键 Ctrl＋K。

第三步，在对话框中选择超链接的对象，点击"确定"。

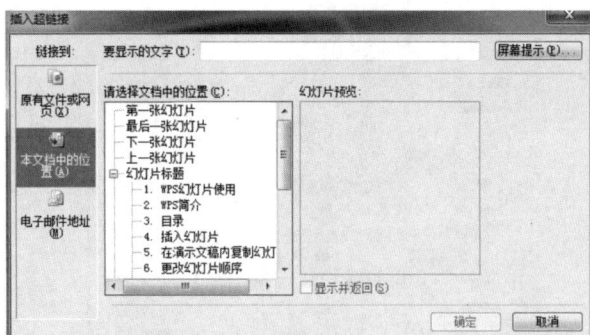

图 7 - 22

二、删除超链接

【操作方法】

删除超链接，但不删除代表该超链接的文本或对象：

第一步，选取代表要删除的超链接的文本或对象。

第二步，单击鼠标右键，在右键菜单上选取"取消超链接"。

第三步，删除超链接和代表该超链接的文本或对象。

第六节　动画效果处理

WPS 的一个突出特点就是用新的幻灯片切换和动画吸引访问群体。动画可以使一个静态的演示文稿动起来，给人一种动态美，其视觉效果让人影响深刻。

如何为幻灯片内对象添加动画效果？

【操作方法】

第一步，打开 WPS 演示文稿软件，在"动画"一栏中，有不同动画的选项，里面有各种动画的基本类型（如图 7 - 23、图 7 - 24 所示）。

图 7 - 23

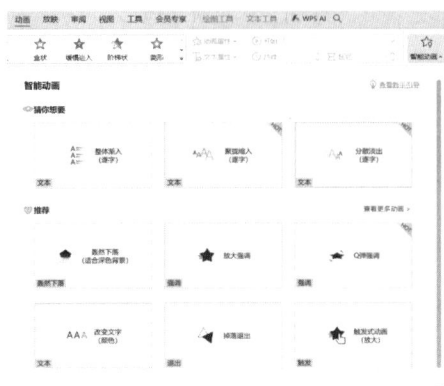

图 7 - 24

第二步，选择你想要的动画类型，鼠标单击"插入"，就能插入动画（如图 7 - 25 所示）。

图 7 - 25

第七节　实现交互处理

在 WPS 演示文稿中使用交互效果，可使演示文稿更加有趣、生动。如何在演示文稿中实现交互功能？

【操作方法】

第一步，打开文档，点击需要交互的幻灯片页面，如图 7 - 26 所示。

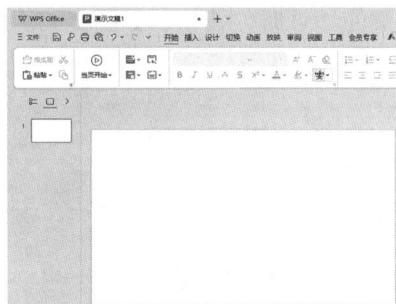

图 7 - 26

第二步，选中文本框，点击"动画"，如图 7 - 27 所示。

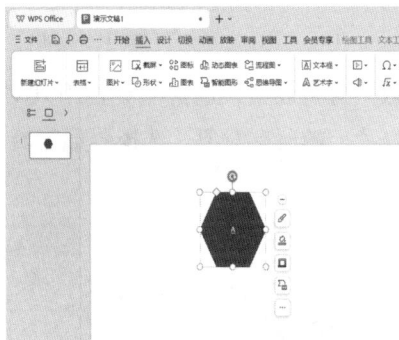

图 7 - 27

第三步，选择文本框的动画效果，如选择"飞入效果"，如图 7 - 28 所示。

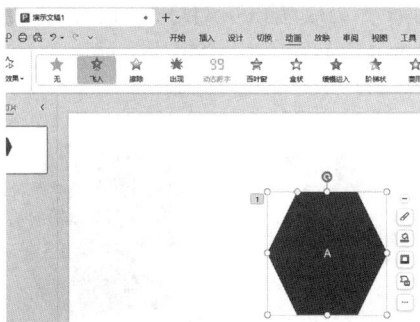

图 7 - 28

第四步，点击最右侧的"计时"按钮，如图 7－29 所示。

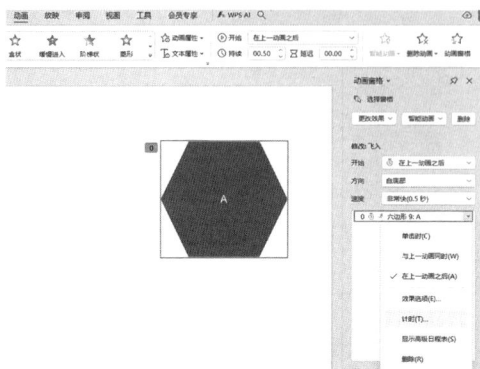

图 7－29

第五步，对计时的效果进行设置，选中"单击下列对象时启动效果"，在下拉菜单中能看到该页幻灯片上的所有对象，选择菱形区域，如图 7－30 所示。

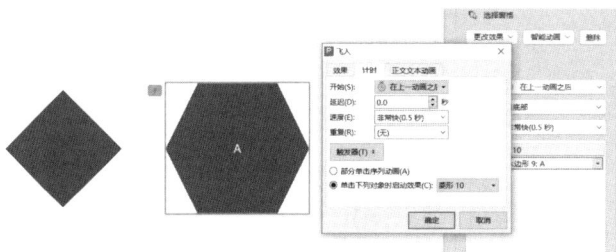

图 7－30

第六步，放映幻灯片，当放映该页幻灯片时，点击菱形区域，六边形文本框就会"飞入"，达到交互的目的，如图 7－31 所示。

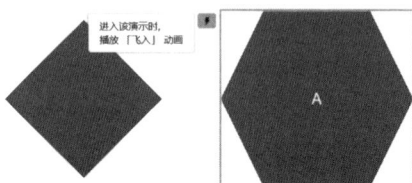

图 7－31

第八节　打包发布演示文稿

用不同版本的软件制作的演示文稿显示时效果不一样，有些特效无法显示。要解决这个问题，可以利用 PPT 的打包功能。在没有安装 PPT 和 Flash 的电脑上，利用 PPT 的打包功能也能播放幻灯片。

如何把做好的演示文稿打包发布？

【操作方法】

第一步，打开 WPS，制作好幻灯片，点击文件选项卡，在弹出的菜单中点击"文件打包"，如图 7－32 所示。

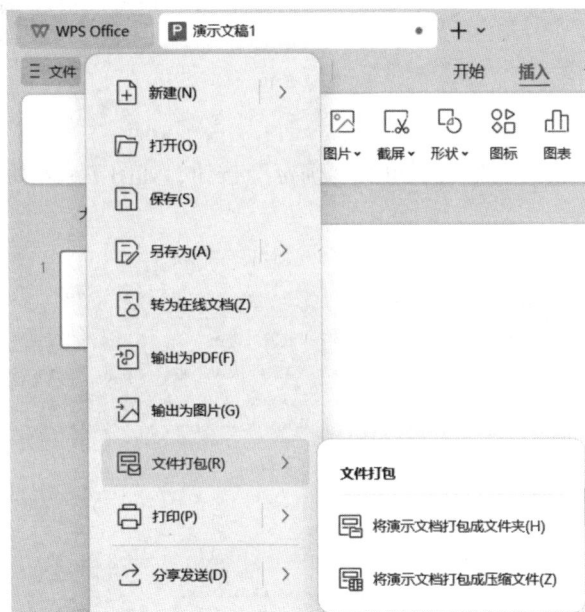

图 7－32

第二步，在向右滑出的菜单项目中点击"将演示文档打包成文件夹"，如图 7-33 所示。

图 7-33

第三步，点击对话框右下角的"确定"按钮，如图 7-34 所示。

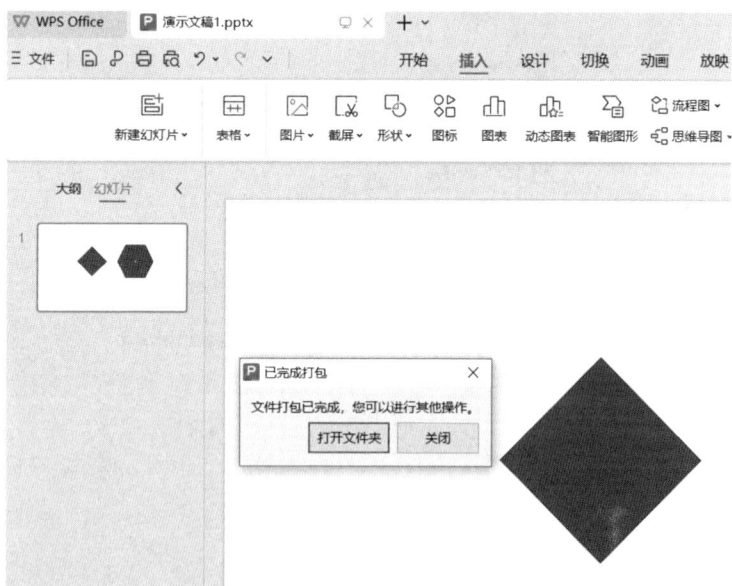

图 7-34

第八章　办公数字化综合应用

第一节　将 Word 文档转化成幻灯片

Word 中的文字可以被 PPT 文件调用，从而形成一张一张的幻灯片，不需要通过新建幻灯片再进行复制粘贴，避免重复性劳动，达到共享信息的目的。

【操作方法】

第一步，在 Word 中对文章进行排版，并将显示的文字按显示标题要求以不同的大纲级别设置。

第二步，在 Word 中输入以下内容到文档并保存为"节.docx"，并点击菜单栏"视图"→"大纲视图"→"大纲"，如图 8－1 所示。

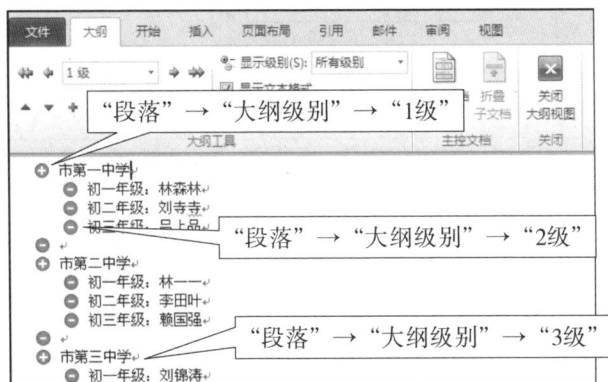

图 8－1

第三步，将光标定位到对应行，通过 [1级] 调整行的大纲级别，将显示的标题行设为 1 级，其他内容设为 2 级，建立好文档的隶属关系（此时将光标定位到当前行，则会显示对应行的级别），将文档命名为

"节.docx"并保存。

对多文字页面进行适当的调整（设置一空行，并将其大纲级别设为 PPT 另起页面），达到分多页显示目的。

第四步，启动 PPT，在 PPT 中点击菜单"开始"→点击按钮 右下角三角形，弹出如图 8-2 所示的界面→选中"幻灯片（从大纲）（L）..."。

第五步，打开"节.docx"文件，点击"确定"，形成如图 8-3 所示的 8 个幻灯片。

图 8-2

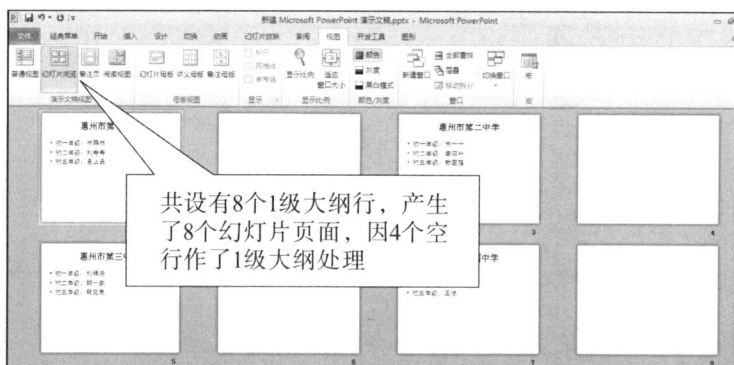

图 8-3

【温馨提示】

此文档中有 8 个 1 级大纲级别、12 个 2 级文档级别，在 PPT 中自动产生 8 个幻灯片；转制成幻灯片时与 1 级大纲相关，2 级大纲作为内容显示在隶属的 1 级大纲文档下。如果要改变幻灯片的张数，可以设置 1 级大纲的数目，或是更改文档的大纲级别。

幻灯片也可以转换为 Word 格式的文档，但是各种交互效果就会消失，通常的做法是将 PPT 文件打印成讲义；还可以将演示文稿形成自我更新的讲义，或通过第三方软件进行转换。

WPS 也可以导入 Word 大纲内容，方法如下：

第一步，按上述方法把制作演示文稿所需的文字内容用 Word 设置 1 级、2 级大纲级别，如图 8 – 4 所示。

第二步，打开 WPS 演示文稿，选择开始菜单的"新建幻灯片"→"从文字大纲导入（L）"，如图 8 – 5 所示。

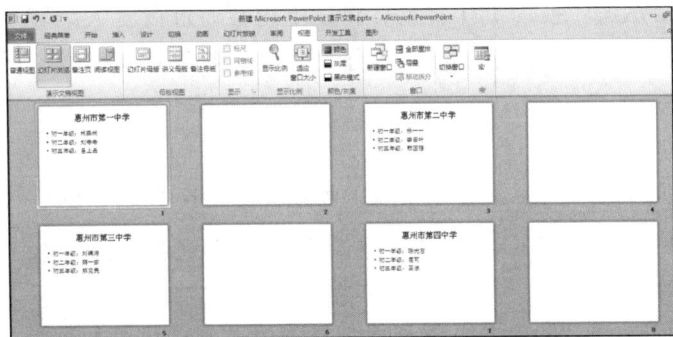

图 8 – 4

图 8 – 5

第三步，打开后选择目标文档即可以导入，如图8-6所示。

图8-6

【任务拓展】

将Word教案转换为PPT文件，将以下内容通过设置大纲转换成一个课件，使得每张幻灯片主题清晰、内容分配适当（共8张）。

案例与要求：

教学内容：计算机应用基础——"邮件合并"教学设计（设一张）

一、教学目标设计：（设一张）

1. 学情分析

（1）期望：对Word和Excel的基本操作有基本的认识和了解，加强在实际生活中运用知识的能力，增强处理实际问题的能力。尝试建立多个软件之间的联系，共享数据。

（2）学习能力：培养逻辑分析能力，引导总结归纳的学习能力。

2. 教学内容分析（设一张）

"邮件合并"是Word和Excel的进阶应用中的一个知识点，也是Word的一项高级应用功能，是办公自动化人员应该掌握的基本技术之一，它能批量地生成需要的文档，从而使人们从繁乱的重复劳动中解脱出来，提高效率。

3. 教学目标（设一张）

（1）认知目标：了解邮件合并的作用和使用情况；掌握主文档、数据文档、合并文件三者之间的关系；掌握邮件合并的方法及步骤。

（2）能力目标：培养自主学习、主动学习的良好习惯；能进行知识的迁移，使之应用于不同场合，学会举一反三。

（3）情感目标：体会学习的乐趣与成就感；培养学生爱岗敬业的社会情感。

4．教学重点和难点（设一张）

重点：掌握邮件合并的方法。

难点：（1）数据源与主文档关联的方法。

（2）数据域的选取。

二、教学策略设计（设一张）

在课堂上提供体验实践的情境和感悟问题的情境，围绕任务展开学习，以任务的完成结果检验和总结学习过程，使学生主动建构探究、实践、思考、运用、解决、高智慧的学习体系。

情境启发教学策略：（设一张）

三、教学流程图、教学反思（设一张）

本节邮件合并的内容步骤不难，但需要有一定的数据组织、关联思维能力，因此在课程设计中采用创设情境教学，多软件使用整合到课堂。

以打印获奖证书和成绩表任务为引领，从实际能力出发，采用紧扣自身相关信息处理（成绩表和获奖证书）的案例激励学生。课程设计任务把 Excel 和 Word 软件综合应用，有利于知识的相互渗透。

在教学实施过程中，数据表示形式的多样性和感知性因受到时间和学生认知水平限制，难以充分展开。

第二节　长列表数据多栏处理

利用 Excel 处理数据的优势，结合 Word 在排版上的优势，共同处理信息。如果 Excel 中数据列比较少，打印页面就会形成大片空白。结合双方优点，使得处理数据和打印格式更优化。

【操作方法】

方法一：如果 Excel 中数据列比较少，打印页面就会形成大片空白，可以通过人工"复制"→"粘贴"的方法将数据布置到其他列，调整列宽和标题，在 Excel 中合理地将数据分布在页面上。

方法二：将 Excel 中数据列"复制"，在 Word 中"粘贴"，利用 Word 中的"分栏""重复标题栏"可以轻易地达到目的。

案例：学生各科成绩表如图 8 - 7 所示，现语文老师要打印一份语文的成绩表。

A	B	C	D	E	F	G	H	I	J	K
考号	姓名	语文	数学	英语	物理	化学	生物	政治	历史	地理
1302004014		87.0	131.0	33.0	66.0	69.0	70.0	46.0	68.0	62.0
1302004010		103.0	106.0	58.0	54.0	60.0	61.0	36.0	74.0	70.0
1302004002		79.0	86.0	41.0	80.0	82.0	71.0	56.0	68.0	64.0
1302004035		81.0	113.0	50.0	82.0	43.0	66.0	46.0	60.0	64.0
1302004005		100.0	97.0	55.0	52.0	54.0	71.0	60.0	78.0	65.0
1302004007		95.0	112.0	38.0	46.0	74.0	63.0	48.0	70.0	71.0
1302004008		89.0	97.0	59.0	56.0	61.0	62.0	60.0	64.0	72.0
1302004001		80.0	100.0	45.0	75.0	67.0	56.0	64.0	72.0	63.0
1302004009		72.0	115.0	32.0	62.0	85.0	53.0	50.0	70.0	64.0
1302004011		79.0	80.0	30.0	91.0	72.0	63.0	70.0	80.0	63.0
1302004015		90.0	114.0	42.0	44.0	64.0	61.0	44.0	68.0	46.0
1302004020		41.0	134.0	17.0	75.0	83.0	59.0	54.0	64.0	57.0
1302004047		89.0	99.0	27.0	35.0	82.0	71.0	32.0	72.0	57.0
1302004028		88.0	122.0	20.0	51.0	72.0	48.0	42.0	68.0	70.0
1302004022		85.0	108.0	53.0	48.0	54.0	47.0	46.0	76.0	62.0
1302004061		74.0	111.0	35.0	35.0	70.0	69.0	46.0	70.0	44.0
1302004017		84.0	99.0	44.0	43.0	58.0	63.0	64.0	72.0	62.0
1302004021		90.0	87.0	53.0	61.0	58.0	42.0	42.0	86.0	63.0
1302004033		82.0	98.0	41.0	54.0	55.0	60.0	64.0	88.0	66.0
1302004013		89.0	136.0	28.0	46.0	38.0	50.0	40.0	66.0	62.0
1302004006		82.0	126.0	30.0	45.0	45.0	58.0	68.0	74.0	53.0
1302004034		71.0	112.0	53.0	34.0	47.0	68.0	34.0	62.0	59.0
1302004046		77.0	78.0	31.0	58.0	66.0	73.0	60.0	80.0	68.0
1302004053		80.0	101.0	40.0	39.0	56.0	60.0	50.0	62.0	58.0
1302004050		93.0	91.0	37.0	48.0	56.0	50.0	58.0	68.0	61.0
1302004023		76.0	87.0	41.0	51.0	66.0	53.0	38.0	60.0	44.0

图 8 - 7

用方法二的步骤：

（1）在 Excel 中打开数据文件，将第 A、B、C 三列数据复制到剪贴板：按住 Ctrl 键，分别单击 A、B、C 列号选中三列数据，单击工具栏中"复制"按钮（或按住快捷键 Ctrl + C），将内容复制到剪贴板。

（2）切换到 Word 中，将光标定位在新建文档中，单击右键，在弹出的辅助菜单中单击"粘贴选项"→"保留原格式"，数据从剪贴板中拷贝到新建文档中，如图 8 - 8 所示。

图 8 - 8

（3）在 Word 中，单击"页面布局"→"分栏"→"三栏"，如图 8-9 所示。

（4）在 Word 中，将光标定位在标题行（第一行），单击菜单栏"布局"→"重复标题行"，结果如图 8-10 所示。

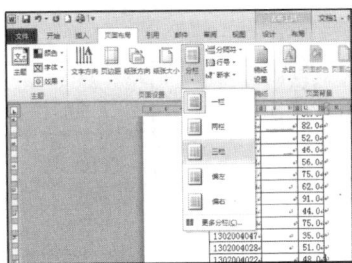

图 8-9

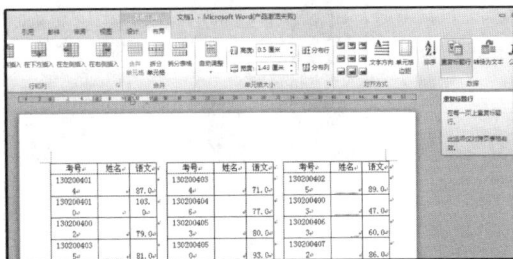

图 8-10

在后面的页面中第一行都会置上标题栏，接下来只要对页面的边距稍作调整，就可以得到美观的单科成绩单。将分栏取消，数据表就恢复为单列，每页都保留标题栏。

【温馨提示】

利用 Excel 强大的数据处理功能，对数据进行统计分析，再结合 Word 强大的图文混排功能，在我们的教学中可以解决许多问题。

【任务拓展】

将成绩表中物理科成绩如上打印出来。中间跨了几个科目，只要按住 Ctrl 键同时单选列号 A、B、F，然后单击工具栏"复制"按钮，将内容复制到剪贴板。

Excel 常用的几组快捷键如下：

"Ctrl + \ "快速比较不同的两个单元格数据。

"Ctrl + G"快速定位单元格。

Alt + 数字键 178，输入平方；Alt + 数字键 179，输入立方。

第三节　制作带相片的学生档案

我们日常办公中需要制作学生证、图书借阅证、考试准考证、获奖证书等，这些卡证有一个共同的特征，就是带有学生相片，如何快速有效地制作这些带相片的证件呢?

【操作方法】

第一步，准备好尺寸相同、格式相同的照片，如图 8 - 11 所示。

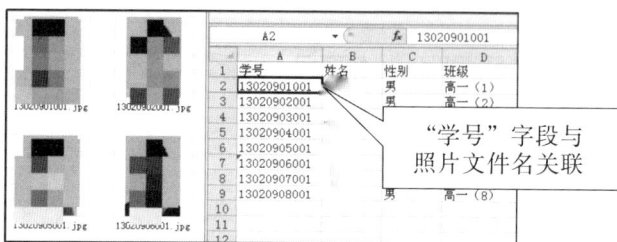

"学号"字段与
照片文件名关联

图 8 - 11

第二步，在数据源中将"对应字段（学号）"与"图片文件"一一对应命名；将数据信息放入证卡数据文件中，如图 8 - 12 所示。

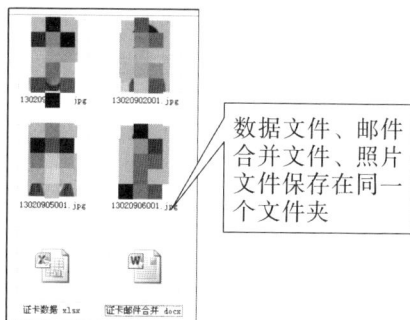

数据文件、邮件
合并文件、照片
文件保存在同一
个文件夹

图 8 - 12

第三步，制作好要合并的模板（主文档），选取"使用现有列表（E）…"中的"证卡数据.xlsx"，点击"插入合并域"找到字段插入对应单元格中，如图 8 - 13 至图 8 - 16 所示。

选取
"目录"
类型

图 8 - 13

图 8 – 14

图 8 – 15

图 8 – 16

　　第四步，开始邮件合并图片操作。单击菜单"插入"→"文档部件"下面小三角形→选取"域"→选取"类别"中的"链接和引用"→选取"域名"中的"includepicture"，如图 8 – 17 所示。

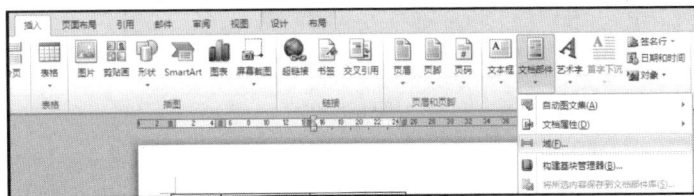

图 8 – 17

　　为保证与第一个设置的图片格式一致，请勾选"更新时保留原格式"，如图 8 – 18 所示。

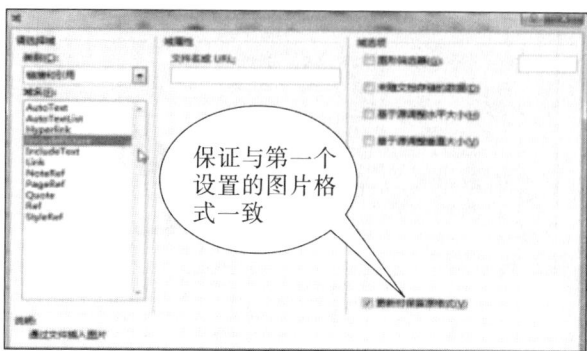

图 8 - 18

也可以在图片区域直接输入代码：{includepicture" {mergefield 学号}.jpg" \ * mergeformat}，完成图片的插入（以学号命名图片，用学号关联），如图8 - 19 所示。

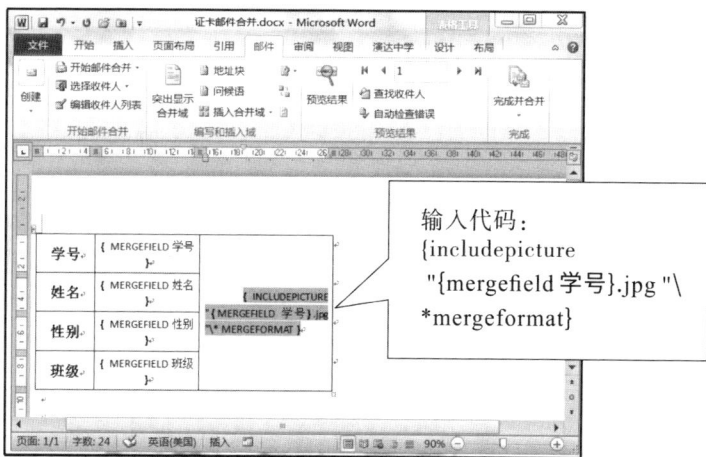

图 8 - 19

第五步，选中代码，按住快捷键 Shift + F9 进行切换，完成图片文件和域代码的切换。单击"邮件"→"完成并合并"，如图 8 - 20 所示，每个人的头像都没变化。

第六步，将生成的合并文件保存到图片文件所在的文件夹，然后再选中所有的图片，按 F9 键刷新，将每个人的数据与图片文件合并到一起，如图 8 - 21 所示。

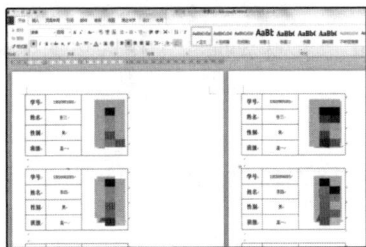

图 8 – 20　　　　　　　　图 8 – 21

【温馨提示】

在合并成新文档之后，要使图片能够正常显示，必须将新生成的文档和图片保存到同一个文件夹内，然后按 F9 键刷新；通过快捷键 Shift + F9 进行合并效果和域代码的切换。

第四节　成绩条的两种制作方法

中小学教学中经常要制作学生成绩条（单），单次考试后给每个同学分发成绩条，学期末将几次考试成绩进行纵向比较，通过分发成绩单提示学生在各个阶段的学习成果。

【操作方法】

方法一：

第一步，先用 Excel 录入成绩数据并做好相应的统计，建立文件名为"LX. xls"的"数据来源"工作表，如图 8 – 22 所示。

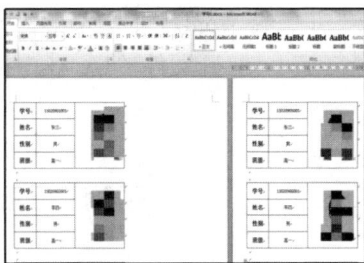

图 8 – 22

第二步，在 Word 中单击菜单"邮件"→"选择收件人"→"使用现有列表（E）…"→打开文件"LX. xls"→打开"教材数据"工作表，如图 8 – 23 至图 8 – 25 所示。

图 8 – 23

图 8 – 24

图 8 – 25

第三步，在 Word 中建立一个两行的表格，如图 8 – 26 所示，并在相应单元格内"插入合并域"中选择相应的字段名，在表格的下方空出两行（有利于分开成绩条，否则会出现两条数据粘连的情况）。

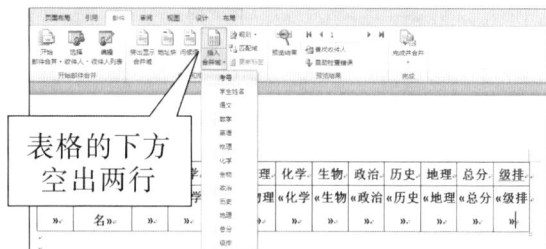

图 8 – 26

第四步，单击"完成并合并"按钮，选择"编辑单个文档（E）..."，如图8－27所示。

图 8 － 27

第五步，选择"合并记录"中的"全部"，再单击"确定"，成绩条合并出数据效果如图8－28所示。

考号	学生姓名	语文	数学	英语	物理	化学	生物	政治	历史	地理	总分	级排
624		91	99	54	74	87	81	82	86	81	735	1

考号	学生姓名	语文	数学	英语	物理	化学	生物	政治	历史	地理	总分	级排
618		78	143	63	73	91	77	64	81	64	734	2

考号	学生姓名	语文	数学	英语	物理	化学	生物	政治	历史	地理	总分	级排
102		82	144	20	90	90	86	66	83	68	729	3

考号	学生姓名	语文	数学	英语	物理	化学	生物	政治	历史	地理	总分	级排
649		87	118	79	84	93	71	67	76	54	729	3

图 8 － 28

方法二：

在 Excel 中打开准备好的数据，直接利用"录制宏"，然后调用宏，完成成绩单的制作。录制一个宏名为"加标题"，在每个学生数据行前插入标题，然后依次调用宏，此处启发大家对宏的简单认识。简要步骤：准备数据→录制宏→运行宏。具体操作如图 8 － 29 所示。

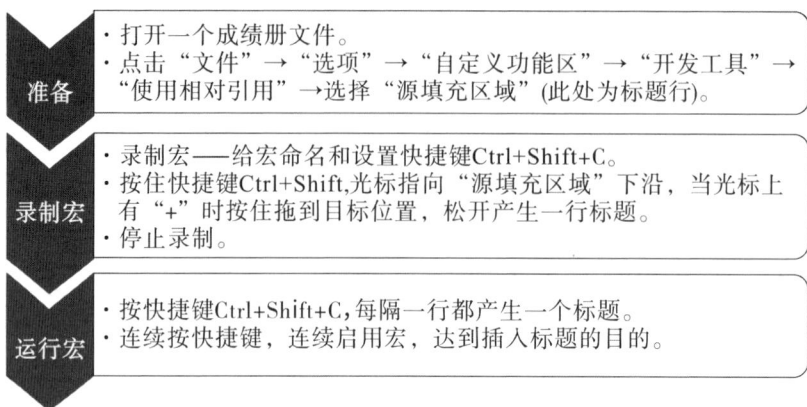

准备
· 打开一个成绩册文件。
· 点击"文件"→"选项"→"自定义功能区"→"开发工具"→"使用相对引用"→选择"源填充区域"(此处为标题行)。

录制宏
· 录制宏——给宏命名和设置快捷键Ctrl+Shift+C。
· 按住快捷键Ctrl+Shift,光标指向"源填充区域"下沿,当光标上有"+"时按住拖到目标位置,松开产生一行标题。
· 停止录制。

运行宏
· 按快捷键Ctrl+Shift+C,每隔一行都产生一个标题。
· 连续按快捷键,连续启用宏,达到插入标题的目的。

图 8 - 29

第一步,在 Excel 中配置好工作环境,点击"文件"→"选项"→"自定义功能区"→"开发工具",点击"确定"后退出,如图 8 - 30 所示。

勾选"开发工具"选项

图 8 - 30

第二步,打开准备好的成绩表,选取菜单栏上的"开发工具"→"使用相对引用",如图 8 - 31 所示。

图 8 – 31

第三步，在打开的成绩表内选取第一行标题栏，如图 8 – 32 所示。

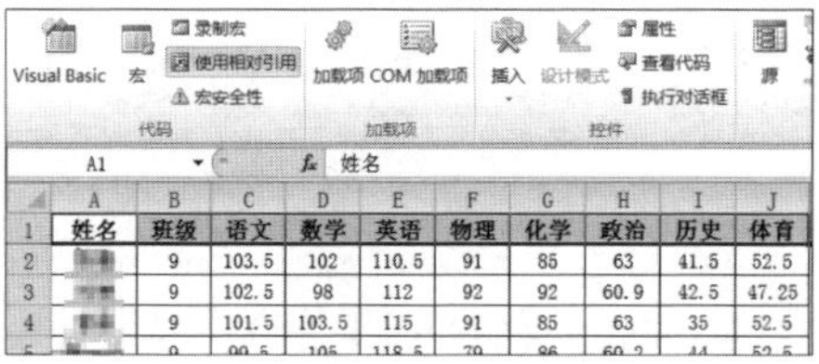

图 8 – 32

第四步，单击"录制宏"→在"录制新宏"窗口中输入宏名"加标题"→设置"快捷键（K）：Ctrl + Shift + C"，单击"确定"，如图 8 – 33 所示。

图 8 – 33

第五步，按住 Ctrl + Shift 键，将光标指向"源填充区域"下沿（J1 单元格，内容为"体育"），当光标上有"＋"时按住拖到目标位置（第二行与第三行间），松开鼠标产生一行标题。点击"停止录制"，"加标题"的宏录制完成，如图 8 – 34 所示。

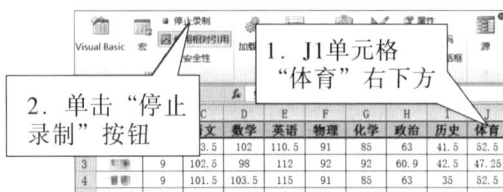

图 8 - 34

第六步，启用"加标题"宏，只要按一次 Ctrl + Shift + C 组合键，就会每隔一行加一个标题，达到每个学生成绩行都有一个标题的目的，如图 8 - 35 所示。

图 8 - 35

第五节　在互联网中布置、查询信息

如果通过手机登录账号、密码查询每个学生的成绩，既保护了每个学生的隐私，又不必给每个学生单独发布成绩。如何利用问卷星和二维码将 Excel 中的信息发布到网络上？

一、问卷星查询成绩

【操作方法】

第一步，Excel 软件将数据处理成表单，表单中含学生成绩、综合评价和登录账号密码。

图 8 - 36

第二步，登录问卷星：在浏览器地址栏内输入网址：www. wjx. cn；选择"表单"创建项目如图 8 - 36 所示，将数据布置到网络上。

第三步，将账号、密码以及查询二维码或网址告知学生或家长。

第四步，在"表单名称"一栏输入"学生成绩查询"，单击"立即创建"按钮，调用准备好的成绩单数据，如图 8 - 37 所示；选择已处理好的 Excel 文件上传，如图 8 - 38 所示。

图 8 - 37

图 8 - 38

第五步，设置对外查询条件和查询时间，也可以追加数据。在"设置查询条件"中单击"增加条件"可以增设多个条件，针对此查询设置简要提示性语句，便于控制数据的时效，如图 8 - 39 所示。

图 8 - 39

第六步，发布查询：将查询链接内的网址复制到剪贴板，发给家长或学生，或单击"下载二维码"发到学生或家长手机，供其扫码查询，如图 8 - 40 所示。

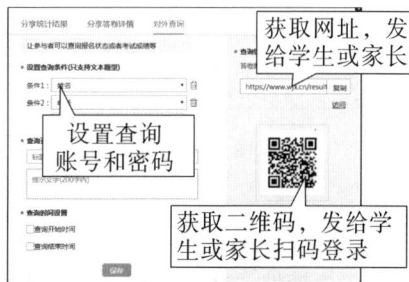

图 8 - 40

二、二维码的使用方法

【操作方法】

第一步，登录网站：https：//cli. im/。

第二步，以央视网为例，新建一个二维码与 www. cctv. com 链接，如图8 –41 所示。

图 8 –41

第三步，通过选取"文件"等其他菜单，将文件、图片、音视频等内容上传，与新制作的二维码链接，如图 8 –42 所示，让学生或家长扫码，方便信息共享。

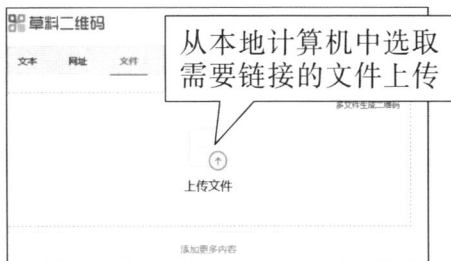

图 8 –42

【温馨提示】

在 Office2016 版本中有一个控件"Microsoft barcode 控件16. 0"可以直接制作二维码。

【任务拓展】

现在 App 的使用要进行审核，改动不方便、应用不灵活，但我们在开展课堂教学时又要进行提前预习和课外辅导。应用问卷星可以创设课堂信息互动的小平台，比如语文生字词学习、英语听力或单词学习以及各种小测。这些信息一直保存在平台，也能形成教师的教学积累。

学生或家长通过登录网址、扫描二维码，利用已预设的方式验证，在网上获取本人相关的各种数据。老师在发布成绩时不用考虑网上的存储及访问方式处理，简化教师的技术要求；数据在网上随时可以访问，易于查找和二次利用。

第六节　利用同屏完成信息交互

本节介绍如何用手机等数字设备通过网络与台式电脑、电视机、投影机建立同屏显示。

【操作方法】

将台式电脑、手机或 Pad 等教学设备连接到同一 Wi-Fi 内（关键是要建立独享的 Wi-Fi 环境）。建议大家用 360Wi-Fi，直接插在电脑的 USB 口上，手机或 Pad 直接连接到此 Wi-Fi。下面以希沃授课助手的使用为例加以说明。

第一步，在台式电脑的浏览器中输入网址，在打开的网页中找到希沃授课助手区域，点击"下载软件"，如图 8 - 43 所示。

图 8 - 43

第二步，安装希沃授课助手软件到台式电脑，电脑安装好后，将提示用手机扫码安装 App，如图 8 - 44 所示。

　　第三步，在电脑和手机端启动希沃授课助手，用手机扫电脑上的二维码，
选择同屏显示的对象，建立同屏连接，如图 8 - 45 所示。

图 8 - 44　　　　　　　　　　　　　　　图 8 - 45

　　第四步，建立好手机与电脑的连接后，手机上的界面出现如"移动展台"
"课件演示"等按钮。进入"课件演示"，打开电脑内的 PPT 文件，在手机上
进行翻页操作，如图 8 - 46、图 8 - 47 所示。

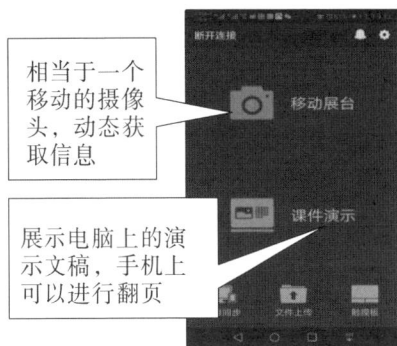
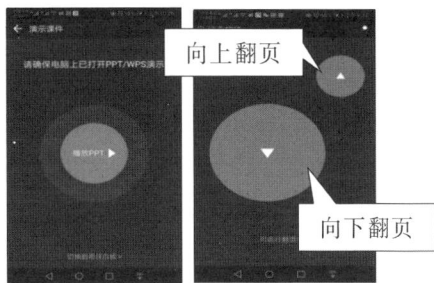

图 8 - 46　　　　　　　　　　　　　　　图 8 - 47

　　进入"移动展示"功能，在手机上进行"直播影像""普通拍照"等操
作，直接同屏到电脑，如图 8 - 48 所示。

图 8 - 48

【温馨提示】

投屏方式和软件有很多，选择软件时需注意有无延迟、是否卡顿、是否有版权等问题。用硬件方式通过无线路由器搭建一个无线局域网，不用密码、不用网线直接将设备互连，再利用苹果 AirPlay 或安卓 DLNA 功能都可达到投屏的目的。

第九章　AIGC 技术在教学中的实践与应用

第一节　AIGC 技术概述

一、AIGC 技术的定义与工作原理

人工智能生成内容（Artificial Intelligence Generated Content，简称 AIGC）是指利用人工智能技术自动生成文本、图像、音频、视频等内容的一系列应用和过程。AIGC 技术的核心在于模仿人类的创造过程，通过算法和数据分析，生成新的、独特的内容。这项技术通常涉及机器学习、自然语言处理、计算机视觉和生成对抗网络等前沿技术。

二、AIGC 技术的发展简史

AIGC 技术的发展历程可以追溯到 20 世纪中叶，随着人工智能的诞生而逐渐发展。早期的 AIGC 技术主要集中在简单的模式识别和规则驱动的内容生成。随着时间的推移，尤其是 21 世纪初深度学习技术的突破，AIGC 技术迎来了快速发展。近年来，随着计算能力的提升和大数据的广泛应用，AIGC 技术在多个领域取得了显著进展，包括文本生成、图像创作、音乐制作等。

AIGC 技术的发展简史是一个由多个技术突破和逐步积累的过程，其发展可以大致划分为以下几个阶段：

1. 早期探索阶段（20 世纪40—60 年代）

人工智能的概念在 20 世纪中叶被提出，AIGC 技术的早期探索开始于简单的机器翻译和模式识别。1950 年，图灵提出了著名的图灵测试，为后来的人工智能研究奠定了基础。

2. 规则驱动阶段（20 世纪 70—80 年代）

在这一时期，专家系统开始兴起，这些系统能够根据预设的规则生成特定领域的内容。AIGC 技术开始在文本生成、游戏设计等领域得到应用，但主要依赖于硬编码的规则。

3. 统计学习方法阶段（20 世纪 90 年代）

随着统计学方法的发展，机器学习开始被引入 AIGC 技术领域。通过统计分析大量数据，AIGC 技术能够学习数据中的模式，并生成新的内容。

4. 深度学习突破阶段（21 世纪初）

2006 年，深度学习理论的提出给 AIGC 技术带来了革命性的变化。深度神经网络，尤其是循环神经网络（RNN）和长短期记忆网络（LSTM），在文本和序列生成方面展现出巨大潜力。

5. 大数据与计算能力提升阶段（21 世纪 10 年代）

随着互联网的普及和大数据技术的发展，AIGC 技术获得了前所未有的数据资源。GPU 等硬件的计算能力提升，为训练复杂的深度学习模型提供了可能。

6. 生成对抗网络（GANs）的兴起（2014 年至今）

2014 年，生成对抗网络（GANs）被提出，这是一种通过对抗过程生成高质量内容的技术。GANs 在图像、视频和音频生成方面取得了显著成就，极大地推动了 AIGC 技术的发展。

7. 自然语言处理的深化（21 世纪 10 年代末至今）

以 BERT、GPT 为代表的预训练语言模型在自然语言处理领域取得了突破性进展。这些模型在文本生成、机器翻译、情感分析等任务上展现出卓越的性能。

8. 多模态学习与跨媒体生成（近年）

AIGC 技术开始融合多种模态，如结合文本、图像、音频等，生成跨媒体内容。例如，通过文本描述生成对应图像，或根据图像内容生成描述性文字。随着 AIGC 技术的广泛应用，学界对其伦理问题和可解释性的关注也在增加。研究者开始探讨如何确保 AIGC 技术生成内容的公正性、透明度和安全性。

9. 未来发展

AIGC 技术仍在快速发展中，未来的研究将集中在提高生成内容的质量和多样性、提升算法的可解释性和安全性等方面。随着技术的不断进步，AIGC 技术有望在教育、娱乐、设计等多个领域发挥更大的作用。

三、AIGC 技术在教育中的重要性

在教育领域，AIGC 技术的应用正变得越来越重要。它为教师和学生提供了新的工具和资源，有助于提高教学效率、增强学习体验、促进个性化学习，并支持教育创新。AIGC 技术能够根据学生的学习进度和兴趣，生成个性化的学习材料和课程内容，从而满足不同学生的需求。此外，AIGC 技术还能够辅助教师进行教学设计，提供智能评估和反馈，以及创造更加丰富和互动的教学环境。

AIGC 技术不断进步，在教育领域的应用前景广阔，但也伴随着技术、伦理和法律等方面的挑战。教师需要对 AIGC 技术有深入的了解，以确保其在教育实践中的应用能够带来积极的影响，并为学生创造最大的价值。

四、AIGC 技术在教学中的基本应用与优势

（1）智能教辅：AIGC 技术可以为学生提供个性化的学习辅助。通过分析学生的学习数据和行为模式，了解学生的知识水平和学习风格，为其推荐合适的学习资源和学习路径，提供精准的反馈和指导。借助智能辅助工具，学生可以更高效地学习，提升学习效果。

（2）个性化学习：AIGC 技术可以根据学生的学习需求和特点，提供定制化的学习内容和学习方式，实现个性化教学。通过智能教育平台，教师可以更好地了解学生的学习情况和需求，调整教学策略，提供有针对性的指导，满足学生的不同学习需求，提升学习兴趣与动力。

（3）智能评估：AIGC 技术可以自动化地对学生的学习成果进行评估，减轻教师的工作负担，提高评估的客观性和准确性。通过自动化评估系统，学生可以及时了解自己的学习情况，找到薄弱环节并及时进行弥补，提升学习效果。

（4）教学过程优化：AIGC 技术可以分析教学数据，并提供教学建议和优化方案，帮助教师改进教学方法和教学策略。通过 AIGC 技术辅助教学，教师可以更好地引导学生，提升教学效果，同时有更多的时间和精力去关注和了解学生的个别需求。

第二节　AIGC 技术在教学内容创作中的应用

一、教学材料的自动生成

AIGC 技术在教学材料自动生成方面的应用正日益普及。通过机器学习和自然语言处理技术，AIGC 技术能够理解教学目标和内容要求，自动生成课程大纲、教学计划和学习材料。例如，AIGC 技术可以根据特定的教学大纲自动撰写课程介绍、学习目标和关键概念解释，甚至生成练习题和测验，从而减轻教师的准备工作负担，让他们有更多时间专注于教学本身。

【案例】物联网课程自动内容生成系统

背景：随着物联网技术的快速发展，某技术学院希望为学生提供最新的物联网课程内容。为了适应技术更新的速度并减轻教师的课程开发负担，学院决定开发一个基于 AIGC 技术的物联网课程自动内容生成系统。

设计目标：自动更新和生成物联网领域的最新课程内容。创造互动式学习材料，提高学生的参与度和理解力。为教师提供定制化课程内容，以适应不同教学需求。

实施步骤：

（1）技术趋势分析：利用 AIGC 技术追踪物联网领域的最新研究和技术动态。

（2）课程框架设计：设计一个灵活的课程框架，确保自动生成的内容能够适应不同的教学目标和学习水平。

（3）AIGC 模型开发：开发一个专门的 AIGC 模型，训练它理解和生成与物联网相关的技术概念、应用案例和实践指导。

（4）内容生成与审核：系统根据预设的课程框架自动生成课程内容，并通过教师团队进行审核和微调，确保内容的准确性和教学价值。

（5）互动学习模块开发：结合 AIGC 技术，开发互动式学习模块，如模拟实验、虚拟物联网设备配置等。

（6）个性化学习路径推荐：利用 AIGC 技术分析学生的学习行为，推荐个性化的学习路径和资源。

技术亮点：

（1）实时技术更新：系统能够实时捕捉物联网领域的最新技术进展，并更新课程内容。

（2）多维度内容生成：系统能够生成包括理论讲解、实际案例分析、技术操作指导在内的多维度教学内容。

（3）互动学习体验：通过模拟和虚拟现实技术，提供沉浸式学习体验，增强学生的实践能力。

实施过程：在某学期的物联网课程中，教师团队利用自动内容生成系统创建了一系列教学模块，涵盖了从基础的传感器原理到复杂的物联网系统集成。系统自动生成了课程讲义、视频讲座、在线测验和实验模拟。教师通过审核和调整这些自动生成的内容，确保它们符合教学大纲的要求。

成效：该物联网课程自动内容生成系统显著提高了课程内容更新的速度和质量，也提升了学生的学习兴趣和参与度。教师能够将更多的时间用于与学生的互动和个性化指导，而不是课程内容的重复开发。

小结：物联网课程自动内容生成系统案例展示了 AIGC 技术在教育领域的实际应用潜力，特别是在快速变化的技术领域。通过自动化的教学内容生成，结合教师的专业审核和个性化指导，可以为学生提供最新、最相关的学习资源，同时提高教学效率和丰富学生的学习体验。随着 AIGC 技术的不断进步，未来其在教育领域的应用将更加广泛和深入。

二、定制化学习资源的开发

AIGC 技术能够根据学生的学习进度、兴趣和能力水平，开发定制化的学习资源。通过分析学生的学习数据，AIGC 技术可以识别每个学生的特定需求，并生成个性化的学习材料，如定制化的阅读材料、练习题和案例研究。这种定制化的方法有助于提升学生的学习动机和参与度，同时确保每个学生都能在自己的节奏下取得进步。利用 AIGC 技术开发定制化学习资源，主要包括以下内容：

（一）个性化学习路径的设计

AIGC 技术能够追踪和分析学生的学习行为、历史成绩和反馈，从而设计出符合每个学生需求的个性化学习路径。这些路径不仅包括推荐的学习材料，还包括适合学生学习速度和风格的学习活动和任务。

（二）定制化阅读材料的生成

根据学生的兴趣领域和阅读能力，AIGC 技术可以自动生成或选择相应的阅读材料。这些材料可能涉及不同的主题、难度级别和风格，以确保学生在阅读过程中既感到具有挑战性又保持兴趣。

（三）针对性练习题的创建

AIGC 技术可以基于学生的学习进度和理解程度，自动生成练习题和测验。这些练习题旨在强化学生对特定概念的掌握，同时提供及时反馈，帮助学生识别并弥补知识上的不足。

（四）案例研究的个性化选择

在需要应用知识解决实际问题的学习场景中，AIGC 技术可以帮助挑选或创建与学生兴趣和专业背景相关的案例研究。通过这种方式，学生能够将理论知识与实际情境相结合，加深理解。

（五）互动学习体验的定制

AIGC 技术还可以用于开发互动学习体验，如模拟实验、角色扮演游戏等。这些互动体验可以根据学生的偏好和学习风格进行定制，提供更加沉浸和有趣的学习环境。

（六）学习资源的动态调整

随着学生学习进度的推进和学习需求的变化，AIGC 技术能够动态调整学习资源。这意味着它能够实时响应学生的表现，提供必要的支持和挑战。

例如，假设一个学生对数学领域的几何部分表现出浓厚的兴趣，但对某些概念的理解还不够深入，AIGC 技术可以为这位学生生成一系列关于几何的互动式练习题，同时提供一些高级几何问题的案例，以激发学生的探索欲和解决问题的能力。

通过上述方法，AIGC 技术能够为每个学生提供量身定制的学习体验，这不仅有助于提高学生的学习效率，还能够增强他们的学习动机，提高参与度。定制化学习资源的开发是未来教育发展的重要方向，AIGC 技术将在这一过程中发挥关键作用。

三、互动教学场景的创新设计

互动教学是提升学生参与度和学习效果的关键。AIGC 技术可以用于设计和生成互动教学场景，如模拟实验、虚拟现实（VR）体验和游戏化学习环境。这些互动场景不仅能够提供沉浸式的学习体验，还能够根据学生的选择和行为动态调整内容，从而提供个性化的学习路径。例如，可以利用 AIGC 技术生成一个历史模拟游戏，让学生在虚拟环境中体验历史事件，增进他们对历史知识的理解。

四、使用 AIGC 工具撰写材料的一般方法

（1）确定撰写目标和主题：明确撰写材料的目的、目标受众和主题。这将帮助 AIGC 工具生成更符合需求的内容。

（2）收集和输入数据：向 AIGC 工具提供相关的数据和信息，包括关键词、概念、事实、数据等，这可以是文本文件、数据库信息或网页内容。

（3）定义内容结构：设计材料的基本结构，如标题、引言、主体段落、结论等。这有助于 AIGC 工具按照逻辑顺序生成内容。

（4）选择内容的风格和语调：根据目标受众和使用场合，确定内容的风格和语调，如正式、非正式、说服性、描述性等。

（5）使用 AIGC 工具：选择合适的 AIGC 工具或平台。目前市场上有多款 AIGC 工具，如自然语言生成工具、自动摘要工具、聊天机器人等。

（6）输入提示和参数：在 AIGC 工具中输入提示（prompts）和参数，这些提示可以是简短的说明、问题或指令，参数可能包括内容长度、详细程度等。

（7）生成和评估内容：启动 AIGC 工具生成内容，并对其进行初步评估。检查内容是否符合目标和风格要求。

五、国内常用的 AIGC 工具

（1）百度智能创作平台：这是百度推出的一个内容创作辅助平台，提供文本纠错、自动摘要、内容推荐等功能。

（2）腾讯 AI Lab：这是腾讯的人工智能实验室，开发了多种 AI 工具，包

括文本、图像和视频的生成与分析。其中腾讯混元助手是由腾讯研发的大语言模型的平台产品，具备跨领域知识和自然语言理解能力，基于人机自然语言对话的方式，理解用户指令并执行任务，帮助用户获取信息、知识和灵感。

（3）讯飞星火：讯飞星火是科大讯飞推出的一款人工智能平台，旨在为用户提供全面、高效、便捷的人工智能服务。通过结合自然语言处理、语音识别、图像识别等多项技术，讯飞星火致力于在各个领域内发挥人工智能的价值，提升人们的生活质量和工作效率。

（4）豆包：豆包出自字节跳动，是一款功能多样的人工智能助手。它具有写作助手、AI 图片生成、文章修改、小红书文案助手、AI 漫画生成、智能聊天、Music 音乐电台等丰富功能。该应用支持抖音等平台授权登录，无需烦琐的注册流程，即可畅享其智能便捷的服务。

（5）通义千问：通义千问是阿里云推出的一个超大规模的语言模型，功能包括多轮对话、文案创作、逻辑推理、多模态理解和多语言支持等。

第三节　AIGC 技术辅助教学设计

一、智能化教学计划制订

AIGC 技术在教学计划制订中扮演着重要角色。它能够根据教学大纲、学习目标、学科核心素养以及学生的具体情况，智能化地设计教学计划。智能化教学计划制定的详细步骤如下：

（1）教学目标分析：AIGC 技术首先分析教学大纲、学科核心素养和学习目标，确定教学计划的核心内容和预期成果。

（2）学生能力评估：通过分析学生的学习过程、成绩和反馈，AIGC 技术评估学生的当前能力水平和知识掌握情况。

（3）个性化计划生成：基于教学目标和学生能力评估，AIGC 技术智能化生成个性化教学计划，包括学习内容、进度安排和评估方法。

（4）资源匹配：AIGC 技术自动匹配或生成适合教学计划的学习资源，如阅读材料、视频教程和练习题。

（5）动态调整：根据学生的学习进度和反馈，AIGC 技术能够动态调整教学计划，确保教学活动始终符合学生的实际需要。

二、教学策略的个性化推荐

AIGC 技术能够根据教师的教学风格、学生的学习特点以及教学环境，个性化推荐教学策略。具体实施步骤如下：

（1）教师和学生特征分析：收集和分析教师的教学偏好和学生的学习特征。

（2）教学策略库构建：建立一个包含多种教学策略的数据库，涵盖不同的教学方法和技巧。

（3）策略匹配与推荐：根据分析结果，从策略库中匹配并推荐最合适的教学策略。

（4）实施指导：提供详细的教学策略实施指导，帮助教师高效运用推荐策略。

（5）效果跟踪与优化：跟踪教学策略的实施效果，收集反馈，并根据效果进行优化和调整。

三、教学活动的创新与优化

AIGC 技术不仅能够辅助教学计划的制定和教学策略的选择，还能够促进教学活动的创新与优化。

（1）创新教学活动设计：AIGC 技术能够提出创新的教学活动设计方案，如基于项目的学习、翻转课堂、游戏化学习等。

（2）学习体验增强：利用 AIGC 技术，可以创建更加丰富和互动的学习体验，如虚拟现实（VR）、增强现实（AR）等。

（3）教学内容动态生成：AIGC 技术可以根据学生的学习情况实时生成或调整教学内容，确保教学活动始终具有针对性和有效性。

（4）教学反馈及时化：AIGC 技术能够即时收集和分析学生在教学活动中的表现，为教师提供及时的反馈和建议。

（5）教学活动效果评估：通过数据分析，AIGC 技术能够评估教学活动的效果，帮助教师了解哪些活动最有效、哪些需要改进。

AIGC 技术在辅助教学设计方面展现出巨大潜力。通过智能化教学计划制定、个性化推荐教学策略以及创新与优化教学活动，AIGC 技术能够帮助教师更高效地进行教学准备和实施，同时为学生提供更加个性化和富有成效的学习体验。随着技术的进一步发展，AIGC 技术在教学设计中的应用将更加广泛和深入。

第四节　AIGC 技术在教育评估与反馈中的应用

AIGC 技术在教育评估与反馈领域的应用正逐渐改变传统教育评价的方式，使得评估更加智能化、多维度和即时化。

一、智能化评估工具的开发

智能化评估工具的开发利用 AIGC 技术自动化评估学生的学习成果。这些工具能够处理和分析学生在各种评估活动中的表现，提供快速、一致和客观的反馈。

（1）自动化评分系统：AIGC 技术可以用于开发语言学习、数学问题解决等领域的自动化评分系统，这些系统能够理解学生的回答并给出准确的评分。

（2）代码评估工具：对于编程和计算机科学课程，AIGC 技术可以创建工具来自动测试和评估学生的代码，提供运行时解决错误和性能优化的建议。

（3）作文和论文评分：AIGC 技术还可以评估学生的写作任务，分析语法、拼写、风格以及内容的连贯性和原创性。

二、学习成果的多维度分析

AIGC 技术能够提供多维度的学习成果分析，帮助教师和学生全面了解学习进展和成效。

（1）学习行为分析：AIGC 技术可以追踪学生在在线学习平台上的互动，分析学习行为模式，识别学生的强项和弱点。

（2）成绩趋势预测：通过分析学生的历史成绩和学习活动，AIGC 技术能够预测学生的成绩趋势，及早发现学生可能遇到的困难。

（3）技能掌握评估：AIGC 技术能够评估学生对特定技能的掌握程度，提供有关技能发展的深入见解。

三、教学反馈的即时化与精准化

AIGC 技术的应用使得教学反馈更加即时化和精准化，极大地提高了教学互动性和学生学习效率。

（1）即时反馈：AIGC 技术能够在学生完成作业或测试后立即提供反馈，帮助学生快速了解自己的表现，并及时调整学习策略。

（2）个性化建议：根据学生的学习情况，AIGC 技术能够提供个性化的学习建议，如推荐额外的学习资源、练习题或复习计划。

（3）精准定位问题：AIGC 技术能够分析学生的错误和困难，精准定位问题所在，帮助教师和学生集中精力解决具体问题。

例如，在某高中的数学课程中，教师利用 AIGC 技术开发了一个智能化评估工具，用于评估学生的在线作业。该工具能够即时提供解题正确与否的反馈，并给出解题过程中的关键点。同时，系统根据学生的作业表现，提供个性化的学习建议，如额外的练习题和复习材料。教师通过系统生成的报告，了解全班学生的学习情况，及时调整教学策略。

AIGC 技术在教育评估与反馈中的应用，不仅提高了评估的效率和准确性，还增强了教学的互动性和个性化。通过智能化评估工具的开发、多维度学习成果分析以及即时化与精准化的教学反馈，AIGC 技术正成为提升教育质量和学生学习体验的重要力量。随着技术的不断发展，预计 AIGC 技术将在教育评估与反馈领域扮演更加关键的角色。

第五节　AIGC 技术的伦理、法律问题与未来展望

一、数据隐私与学生信息保护

在 AIGC 技术应用于教育领域时，数据隐私和学生信息保护成为首要关注的伦理问题。

（1）数据收集与使用：AIGC 技术通常需要收集学生的学习数据来优化教学内容和评估效果。这些数据包括学生的个人资料、学习行为、成绩等敏感信息。

（2）隐私保护原则：必须遵循隐私保护的法律法规，如欧盟的通用数据保护条例（GDPR）等。学生和家长应被明确告知数据收集的目的、范围及使用方式，并被征得同意。

（3）安全措施：应采取强有力的数据加密和安全措施来保护学生信息不被未授权访问、泄露或滥用。

（4）透明度与控制权：提供透明的数据处理流程，并给予学生和家长对个人信息的控制权，包括访问、更正和删除个人信息的权利。

二、知识产权与内容原创性问题

AIGC 技术生成的内容可能会引发知识产权和内容原创性的问题。

（1）内容原创性：AIGC 技术生成的内容可能基于现有的数据和知识，这引发了关于内容原创性和学术诚信的讨论。

（2）版权归属：需要明确 AIGC 技术生成的内容的版权归属问题，即这些内容是否受到知识产权保护，以及谁拥有这些权利。

（3）引用与标注：当 AIGC 技术生成的内容用于教学或其他目的时，应正确引用和标注原始数据来源，尊重原作者的劳动成果。

（4）法律合规性：教育机构和 AIGC 技术服务提供商应确保其内容生成和使用遵守相关的知识产权法律和政策。

三、AIGC 技术的未来发展与教育变革

AIGC 技术的未来发展预计将深刻影响教育领域的变革。

（1）技术进步：随着机器学习和自然语言处理技术的不断进步，AIGC 技术将变得更加智能和精准，能够生成更高质量的教学内容。

（2）个性化教育：AIGC 技术有望进一步推动个性化教育的发展，为每位学生提供量身定制的学习体验。

（3）教学模式创新：AIGC 技术的应用将催生新的教学模式，如自适应学习、游戏化学习等，提高学习的趣味性和互动性。

（4）教育公平：AIGC 技术有助于缩小教育资源分配的差距，通过智能推荐系统为不同背景的学生提供平等的学习机会。

（5）伦理与法律挑战：随着 AIGC 技术的普及，其应用将面临更多伦理和

法律方面的挑战，需要制定相应的指导原则和法规来确保技术应用的合理性和安全性。

（6）持续研究与合作：教育界、技术界和法律界需要持续合作，共同研究 AIGC 技术的最佳实践，解决伴随其发展出现的问题。

AIGC 技术在教育领域的应用前景广阔，但也带来了伦理、法律和教育变革的挑战。通过确保数据隐私保护、解决知识产权问题，并积极拥抱技术发展带来的教育变革，我们可以充分利用 AIGC 技术的潜力，为学生创造更加丰富和高效的教育环境。未来，AIGC 技术将继续推动教育模式的创新，为实现教育个性化和公平化作出重要贡献。

第十章 教师数字化应用

随着信息技术的飞速发展和普及，数字素养已经成为当代教师必备的重要技能之一。尤其是作为班级管理主要负责人的班主任，更需要掌握一定的数字技能和工具，以更好地管理班级和服务学生。以下是班主任必备的数字素养技能：

（1）班级管理软件。班主任需要熟悉并掌握一些班级管理软件，例如班级管理平台、家校互动平台、在线考勤系统等，用于管理班级信息、发布通知、跟踪学生考勤及成绩等信息。

（2）微信公众号。班主任可以通过开通班级微信公众号，建立家校互动的桥梁，及时发布班级动态、教学计划和家长会通知等，让家长和学生更方便地了解和参与班级管理与教学活动。

（3）数字文档处理。班主任需要熟悉一些数字文档处理工具，例如 WPS、Word、Excel、图片处理等，用于制作和管理班级日常工作的文档，如班级名单、考勤表、课程安排、值日安排、评价表等。

（4）数字化评价。班主任需要了解数字化评价的相关知识和技能，如在线评测、自动评分、评价分析等，用于提高评价的准确性和科学性，促进学生的全面发展和个性化教育。

（5）班级数据分析。班主任需要掌握一定的数据分析技能，如数据可视化、数据挖掘、数据分析等，用于分析和解读班级数据，如学生考试成绩、学习进步情况、教学效果等，从而及时发现问题和改进教学。

总之，班主任作为学生学习和生活的重要管理者，需要不断提升自己的数字素养，以更好地服务学生、促进教学发展。

第一节 班主任数字技能——信息收集发布

作为班主任，学校内外经常有许多工作需要落实，信息收集和发布是其工作中非常重要的一项。如何做好信息收集与发布工作呢？有以下建议：

（1）了解学生情况。班主任需要通过与学生交流、观察和记录等方式，了解学生的学习、生活和情感状况，掌握学生的基本信息和特点，以便更好地关心和指导学生。

（2）记录学生考勤。班主任需要每天记录学生的考勤情况，包括旷课、迟到、请假等，及时向家长和学校汇报，并采取相应的措施，鼓励学生按时到校上课。

（3）发布通知。班主任需要及时发布班级的通知和公告，包括教育教学动态、考试安排、活动预告等，并通过多种渠道进行发布，如班级微信群、学校网站、班级公告栏等，让家长和学生能够及时了解班级的最新情况。

（4）建立班级档案。班主任需要建立班级档案，记录班级各项工作和活动的情况，如班会记录、学生评优、班级荣誉等，用于备案和日后参考。

（5）与家长联系。班主任需要与家长建立紧密的联系，及时向家长反馈学生的学习和生活情况，并鼓励家长积极参与班级的管理和活动，增强班级的凝聚力和向心力。

总之，班主任需要认真负责地做好信息收集和发布的工作，借助各种渠道和工具，及时向学生和家长发布相关信息，为班级的管理和教学工作提供有力支持。

一、班级信息收集工作要点

班主任在做好班级信息收集时，应该注意以下几个方面：

（1）明确信息收集的内容和方式。班主任需要明确需要收集哪些信息，如学生基本信息、家长联系方式、学习情况、课外活动等，并确定收集的方式，如线下填写、线上填写等。

（2）及时更新学生信息。班主任需要及时更新学生信息，如学生联系方式、家庭地址、紧急联系人等，以便在紧急情况下能够及时联系学生家长。

（3）建立班级信息库。班主任需要建立班级信息库，将收集的信息进行整理和分类，方便随时查阅和使用。

（4）合理利用信息化手段。班主任可以合理利用信息化手段，如钉钉、微信群、企业微信等，建立班级信息交流平台，方便与学生家长沟通交流，发布班级通知、作业等信息。

（5）关注信息安全。班主任在收集和发布班级信息时，需要注意信息安全，保护学生隐私，不能将学生个人信息泄露给未经授权的人员。

总之，做好班级信息的收集需要班主任明确信息收集的内容和方式，及时更新学生信息、建立班级信息库、合理利用信息化手段和关注信息安全，以促进班级管理工作的顺利开展。

二、班级信息发布工作要点

班主任在做好班级信息发布时，应该注意以下几个方面：

（1）准确及时。班主任发布班级信息时，应该确保信息的准确性和及时性，不要出现信息错误、延误等情况，以免影响学生和家长的学习和生活。

（2）合理发布。班主任应该根据信息内容和重要程度，选择合适的方式进行信息发布，如在班级群、学校网站、校园公众号等渠道进行发布。

（3）分类明晰。班主任应该按照不同的类别对发布的信息进行分类，如班级管理、学习指导、校园安全等，以便学生和家长快速准确地找到所需的信息。

（4）定期归档。班主任需要将发布的信息及时进行归档和备份，以便随时查看和使用。

（5）关注隐私安全。班主任在发布班级信息时，需要注意保护学生和家长的隐私安全，不能随意透露学生和家长的个人信息，如手机号码、家庭住址等。

总之，做好班级信息的发布需要班主任准确及时、合理发布、分类明晰、定期归档和关注隐私安全，以促进班级管理工作的顺利开展。

三、班级信息收集和发布的软件

班级管理是一种很有目的性、计划性和步骤性的社会活动，良好的班级管理有助于更好地实现教学目标，让学生可以充分地进行学习。以下是常用的班级信息收集和发布软件：

（1）钉钉。钉钉是一款企业级通信工具，也可以用于学校的班级管理，可以通过群聊、工作通知等功能收集和发布班级信息。

（2）QQ。QQ是一个常用的班级管理工具，可以通过 QQ 群收集和发布班级信息，还有文件传输和在线会议等功能。

（3）微信。微信是一个方便班主任进行班级管理的工具，可以通过微信群收集和发布班级信息，进行交流和协作。

（4）优学派。优学派是一款专门为学校提供的管理软件，可以通过班级通知、作业管理、家校互动等功能进行班级信息的收集和发布。

（5）班级圈。班级圈是一款专门为班级提供的信息管理工具，可以通过班级圈的动态发布和评论功能，实现班级信息的收集和交流。

总之，班级管理中收集和发布信息的软件有很多种，班主任可以根据需求选择合适的工具来进行信息管理。

第二节　班主任数字技能——班级管理

在班级管理中，有以下几款常用的软件：

（1）电子邮件。可以用来和家长、其他教师与学生进行沟通和交流。

（2）社交媒体平台。例如微信、QQ、微博、企业微信等，可以用来发布班级通知、作业和其他重要信息，也可以用来与学生和家长交流。

（3）教育管理软件。例如校讯通、智慧校园等，可以用来管理学生档案、班级信息、成绩等。

（4）在线教学平台。例如智慧课堂、学科网站等，可以用来发布课件、作业和在线测试，也可以用来与学生进行在线交流和互动。

（5）数据管理软件。例如 Excel、Access 等，可以用来管理学生信息、考试成绩、出勤记录等。

班级优化大师是一款常用班级管理软件，主要功能包括学生信息管理、成绩管理、考勤管理、家长沟通、作业管理等。以下略作介绍。

一、班级优化大师软件的功能

（1）学生信息管理。可以通过班级优化大师软件管理学生的基本信息，包括姓名、性别、学号、家庭联系方式等。可以方便地进行学生信息查询和打印。

（2）成绩管理。可以通过班级优化大师软件管理学生的考试成绩，支持多种成绩统计方式，包括单科成绩、综合成绩等。可以生成各种成绩报表，便于教师进行成绩分析和教学改进。

（3）考勤管理。可以通过班级优化大师软件管理学生的出勤情况，包括请假、旷课、迟到等情况。可以生成各种考勤报表，便于教师了解学生的出勤情况和纪律表现。

（4）家长沟通。可以通过班级优化大师软件与家长进行及时沟通，包括短信、电话、微信等方式。可以方便地向家长发布班级通知、作业信息等。

（5）作业管理。可以通过班级优化大师软件管理学生的作业情况，包括作业布置、作业完成情况、作业评分等。可以生成各种作业报表，方便教师了解学生的学习情况和作业水平。

二、班级优化大师软件的使用操作步骤

（1）下载和安装班级优化大师软件，打开软件后，进入软件主界面。

（2）在软件主界面上方选择相应的功能模块，例如"学生管理""成绩管理""考勤管理""家长沟通""作业管理"等。

（3）在相应的功能模块中，可以添加、删除、修改和查询相应的信息。例如，在"学生管理"模块中，可以添加新学生，包括学生的基本信息、家庭联系方式等。

（4）在"成绩管理"模块中，可以添加学生的考试成绩，支持多种成绩统计方式，例如单科成绩、综合成绩等。

（5）在"考勤管理"模块中，可以管理学生的出勤情况，包括请假、旷课、迟到等情况，并生成相应的考勤报表。

（6）在"家长沟通"模块中，可以通过短信、电话、微信等方式与家长进行及时沟通，发布班级通知、作业信息等。

（7）在"作业管理"模块中，可以管理学生的作业情况，包括作业布置、作业完成情况、作业评分等，并生成相应的作业报表。

总之，班级优化大师是一款功能强大的班级管理软件，使用方法和操作步骤简单，可以有效提高教师的管理效率和学生的学习质量。

第三节　教师数字化应用——常用教学 App

一、中小学语文教学常用 App

（1）语文听写。语文听写是一款专注于中小学生语文学习的 App。它提供了数千道听写题，包括语文课本中的古文、现代文、诗词和成语等。

（2）语文作文。语文作文是一款针对中小学生提高写作能力的语文学习 App。它包含了议论文、记叙文、材料作文、日记和读后感等多种不同类型的作文，并配合作者年龄和学习阶段特性进行指导和评分。

（3）古诗词学习。古诗词学习是一款专门为中小学生学习古诗词而设计的 App。这款 App 旨在通过音视频教学、互动练习等多种方式帮助学生掌握古诗词的基本知识、学习方法和鉴赏技巧。

（4）语文同步学。语文同步学是一款专注于中小学生语文学习的在线教育 App。它涵盖语文课本中的各个知识点，具备系统完整性和可扩展性。

（5）鲁迅文学院。该 App 提供了鲁迅先生的所有文学作品，以及相关的注释和讲解，可以帮助学生更好地理解鲁迅先生的思想和文学风格。

（6）诗词大会。该 App 提供了各种古代诗词，可以帮助学生学习和欣赏中国传统诗词。

二、中小学数学教学常用 App

（1）洋葱学园。洋葱学园是一款主打数学学习的 App，App 覆盖了从小学数学到大学数学的所有内容，支持教材同步课程与线上精讲。

（2）小猿搜题。该 App 提供了各种数学题目的解答和详细讲解，可以帮助学生快速找到答案，加深对数学知识的理解。

（3）数学公式大全。该 App 提供了各种数学公式和定义，可以帮助学生快速查找和掌握数学知识。

（4）数学计算大挑战。这是一款非常基础的数学学习 App，App 提供大量的数学知识考题供学生自我测验和学习。

（5）ClassIn。该 App 可以帮助教师搭建一个专业的在线教室，教师和学生可以随时随地进入任何一个"教室"进行授课和学习。

（6）GeoGebra。这是一套包含处理集合、代数、微积分、概率统计、数据表、图形、计算等功能的动态数学 App。它解决了传统数学的难点，可以充分发挥教师的教学思想。

三、中小学英语教学常用 App

（1）流利说英语。这个 App 主要是针对学生口语能力的提升。

（2）作业英语帮。这是一款非常不错的英语在线学习应用 App，且覆盖英语发音问题，有助于全面提高学生的英语学习能力。

（3）英语流利说。该 App 提供了英语口语练习和评测服务，老师可以使用它帮助学生提高英语口语能力。

（4）百词斩。百字斩是一款单词记忆 App。在这个 App 里，学生每天要完成一个小任务。日复一日，学到的单词越来越多。优点是通过图片来记忆单词，更形象化。认识这个词后，可以直接"斩"掉，具有可玩性。缺点是个别单词的图片有些牵强，并不明确，而且例句少，是为了背单词而背单词。

（5）AI 听写。这是一款听写微信小程序，满足英文听写的同时，还无须下载应用，只需打开微信就可以快速使用。它的特色功能是，将准备好听写的单词拍照，自动地拍照取词，既不用一个一个手动录入，也不需要一个一个地进行单词挑选，非常方便高效。

四、中小学道德与法治教学常用 App

（1）人民日报。教师给学生讲解的信息必须准确，人民日报发布的新闻准确而且时效性强，师生可以通过这个 App 第一时间了解国家大事。

（2）央视新闻。央视新闻是中央广播电视总台央视新闻中心的官方客户端，在这里可以看到最权威的新闻内容，这个 App 是教师掌握热点的最佳途径。

（3）学习强国。学习强国是党员必备的一款 App，教师也可以下载浏览，了解国家对党员的要求以及对未来接班人的要求，这可以让教师更加明确自己的教学目标。

（4）半月谈。半月谈可以帮助教师理解国家政策方针。

（5）智慧课堂。该 App 提供了丰富的道德与法治教学资源和工具，教师可以使用它进行在线教学和教学管理，以提升教学效果和学生参与度。

（6）安全教育平台。现阶段各中小学校园的安全教育不容忽视，学生作为祖国的未来，他们的安全问题是非常重要的。各种校园安全教育、防溺水教育、扫黑除恶安全教育、交通安全教育、119 火灾教育、禁毒教育及安全专题教育栏目可让各个阶段的学生了解更多相关安全知识，帮助中小学生增强安全教育意识，提升校园安全教育应对能力。

五、中学历史教学常用 App

（1）中华历史。这是一款很棒的辅导学习 App，它从不同类型的学习需求出发，为学生提供了专属辅导，让不同基础、不同情况的学生的学习从此变得简单而高效。

（2）历史今日。这是一款趣味历史 App，页面简洁无广告，使用体验较好。它能带学生了解历史上的今天发生了什么有名的大事件，并将其按照时间顺序串联起来。

（3）历史地图。这个 App 最大的特点就是能让学生看到中国历朝历代疆域的变化。除此之外，App 里面还汇集了世界历史、中国古籍，还有博物馆专题。

（4）中学历史。该 App 提供了详细的历史知识点、历史事件和人物等内容，教师可以将它作为教学辅助工具，帮助学生加深对历史的理解和记忆。

（5）中国历史文化。该 App 提供了详细的中国历史和文化知识点、历史事件和人物等内容，教师可以将它作为教学辅助工具，帮助学生了解中国的历史和文化。

六、中学物理教学常用 App

（1）物理大师。这是与教材同步、集动画教学视频与题库于一体的物理学习 App。

（2）NB 物理实验。这是一款可以在线进行物理实验 App，它支持学生随时随地做实验、开展自主探究，并能提供一定的帮助和指导。

（3）趣味物理学。该 App 提供了有趣的物理学习内容和互动平台，教师可以使用它激发学生的学习兴趣，促进学生的自主学习和思考。

（4）物理猫。该 App 提供了丰富的物理学习资源和互动社区，教师可以使用它进行在线教学和课堂管理，以提升教学效果和学生参与度。

（5）吃掉物理。这是一款专为初中生设计、提供全部课程服务的物理智能学习 App，它将趣味动画视频、三维仿真工具和典型练习题进行有机结合。

（6）NOBOOK 物理实验室。这是一款专为初高中物理教师打造的物理实验操作与演示工具，包含两百多个经典实验，涉及声、光、热、力、电五个部分。

七、中学化学教学常用 App

（1）化学元素周期表。该 App 提供了完整的元素周期表，教师可以使用它进行教学和演示，让学生更好地理解元素的性质和规律。

（2）NB 化学实验。这是一款专为初高中教师与学生打造的专业的仿真化学实验室 App，可向教师和学生在 PC 端或移动端提供一个虚拟的化学实验室。

（3）化学大师。该 App 为学生整理好了初中化学中的多个知识点，将不同知识点进行分类，方便记忆。同时，它将课本上的章节进行更加细致的划分。

（4）化学方程式。这款 App 包含了元素周期表、物质、方程式等不同模块，把学生应该掌握的基本知识全部罗列出来，形式生动，方便学生记忆背诵。

（5）烧杯。这是一款支持在手机上模拟化学反应的 App，学生可以将手机屏幕当作一个烧杯，通过轻摇设备、滑动手指等方式模拟实验操作，添加不同的化学物质查看有什么反应。

八、中小学音乐、美术教学常用 App

（一）音乐类

（1）懂音律。这是一款简单实用的乐谱工具，师生可以随时随地在手机或平板上查看、播放、共享乐谱。

（2）音乐打谱。该 App 提供了简单易用的乐谱编辑工具，教师可以使用它让学生练习乐器演奏和合唱。

（3）美派音乐。这是一款专注音乐教学的社交学习 App，聚集了全国很多音乐爱好者，这里提供丰富优质的互动教学资源和课程内容，通过这一软件学生每天都能掌握新的知识。

（4）弹琴吧。这是一款手机乐器学习 App，学生可以通过它学习吉他、钢琴，海量的钢琴、吉他曲谱任意学，还有音乐交友社区，学生可以和音乐大咖一起学习、交流。

（5）趣乐识谱。这是一款快速学习五线谱、快速提升自身识谱速度的原创五线谱速记课程 App，学生在 10 分钟的课程时间内，即可掌握基本的五线谱音高识别方法，该 App 还具有 5 秒内识别音符音高等趣味化识谱模块。

（二）美术类

（1）爱艺术。该 App 提供了音乐、美术、书法等多种艺术门类的学习资源和互动社区，教师可以将它作为教学辅助工具，帮助学生加深对艺术的理解和欣赏。

（2）艺术家。该 App 提供了绘画、素描、速写等多种美术技法的学习资源和实践平台，教师可以使用它指导学生进行绘画创作和艺术表现。

（3）艺术字典。该 App 提供了艺术领域的词汇、人物和事件的介绍和解释，教师可以使用它帮助学生建立艺术知识体系和词汇积累。

（4）艺术课堂。该 App 提供了多种美术课程和教学视频，教师可以使用它进行教学和指导，帮助学生掌握基本的艺术技法和表现手段。

（5）Sketch Master。该 App 为师生提供了免费的绘画功能，使用本软件可以在线绘画创作。它还提供了丰富的画笔工具，操作简单，非常适合绘画爱好者在线创作。

九、中学地理、生物教学常用 App

（一）地理类

（1）地理地图大全。这是一款非常全面的地图 App，从中可以找到许多的地图详情，无论是中国地图还是世界地图，都可以搜寻到。

（2）地理知识大全。这是一款在地理方面十分全能的 App，里面不仅包含了初高中地理的知识，适合学生使用，还包含了平时生活中人们有可能遇到的地理常识类知识。

（3）Earth 地球。这是北斗公司研发的卫星地图 App，可以满足各行业查看地形的需求，帮助学生快速学习各处的地形地貌，沉浸式勘探地形，查看真实的地貌效果，提高自己的地理知识储备。

（4）酷玩地球。这是一款非常有趣的有关地球的手机 App，可以帮助学生探索世界，了解许多其他国家的趣闻，感受世界各地文化的魅力。

（5）妙懂初中地理。这是一个教育 App，拥有生动有趣的内容。App 里边包括中国地理以及世界地理的知识，并对重点的知识主题进行讲解，包括世界气候类型以及离线地图等。

（二）生物类

（1）初中生物。刚开始接触初中生物时，有很多学生一时难以入门，尤其是跟不上教师在课堂上的讲解，家长可以在手机上下载这款软件，其资源与课堂中讲的内容大多同步，而且上面也有很多关于学习生物的技巧。

（2）生物狗。这款 App 深受从事生物教研工作的教师喜爱，这款 App 提供免费的学习交流，同时它的注册用户都是深耕生物教学多年的资深人群，学生从中可以学习到更多生物相关方面的知识，也可以了解更多学习生物的方式，发现更多的新鲜事。

（3）中考生物通。这是一款针对即将面临中考的初三学生准备的生物复习 App，涵盖了中考的所有生物考点，帮助学生轻松提高生物成绩。

（4）初中生物帮。这款 App 帮助学生轻松学习初中生物，包括重点难点的练习和掌握，还设置了大量的真题题型供学生练习。

（5）致用生物。该 App 涵盖了初中阶段生物的全部知识点和考点，帮助学生轻松学习。

（6）3Dbody 解剖。这是一款用于了解人体构造以及各种系统的 App，学生通过该 App 可以直观地看到各种图片，从而对身体的各个部位能有更加清楚的认识，给学习提供更多帮助。

十、中小学体育教学常用 App

（1）天天跳绳。这是一款免费的专业跳绳计数服务 App，也是利用 AI 智能研发诞生的智能体育运动平台，通过开启手机摄像头识别跳绳动作并计数，拥有多种跳绳模式，学生可以任意选择，并且安卓与苹果系统均可下载与使用。

（2）Keep。这是一款运动 App，安卓与苹果系统均可下载与操作，它集健身、瑜伽、跑步、康复、骑行、计步等功能于一体，特别适用于学习繁忙没有时间锻炼的学生——它会根据运动场景、健身目的、有无器械编排各种训练计划，4 分钟就可以完成一次健身训练，还有权威健身专家把控内容，帮助学生制订科学的课后锻炼计划。

（3）悦动圈。这是一款主打"轻运动"的免费 App，安卓与苹果系统均可下载操作，它包含计步、跑步、健身、骑行等多种运动模式，且使用 GPS 工具对运动进行记录。

（4）运动计步器。该 App 可以记录学生日常运动的步数、运动时间等数据，教师可以使用它进行健康课程的教学和体育锻炼的指导。

（5）运动健身。该 App 提供了多种健身锻炼的视频教学，教师可以使用它指导学生进行健身活动。

（6）健康中国行动。该 App 提供了健康知识的学习资源和互动交流平台，教师可以使用它进行健康教育的教学和互动交流。

十一、中小学心理健康教学常用 App

（1）心理健康教育。这是一款非常好用的手机心理健康教育 App，该 App 新的方式和无压力的沟通环境使教师可以随时了解和查看更多的心理健康课件材料。

（2）好心情。这是一款提供心理评测、心理咨询、情感日志等功能的心理健康类 App，旨在帮助学生更好地管理自己的情绪和心理状态。

（3）好习惯。这是一款主打养成好习惯的 App，可以帮助学生建立健康的生活习惯和行为习惯，如定时起床、规律饮食等。

（4）心理健康小助手。这是一款专业的心理健康类 App，提供心理咨询、情感日志、心理测试等服务，学生可以通过该 App 寻求专业的心理帮助。

（5）知心。这是一款专门针对青少年的心理健康类 App，提供青少年心理咨询、情感交流等服务，帮助青少年更好地处理自己的情绪和心理问题。

（6）心理学学习。这是一款提供心理学知识学习、心理测评等服务的 App，旨在帮助学生了解心理学知识，提高自己的心理素质。

第十一章　数字社会责任及教师专业发展

教师在提升数字素养的同时，也要兼及自身的数字社会责任。数字社会责任是指教师在数字化活动中的道德修养和行为规范方面的责任，包括法治道德规范以及数字安全保护。同时，要综合利用各种数字技术资源，促进专业发展。

第一节　法治道德规范

法治道德规范是指教师应遵守的与数字化活动相关的法律法规和道德伦理规范，包括依法规范上网、合理使用数字产品和服务，以及维护积极健康的网络环境。

一、依法规范上网

（一）遵守互联网法律法规

以下是部分应遵守的相关互联网法律法规：

（1）《中华人民共和国网络安全法》由全国人民代表大会常务委员会于2016年11月7日发布，自2017年6月1日起施行。

（2）《互联网信息服务管理办法》经2000年9月20日中华人民共和国国务院第31次常务会议通过，2000年9月25日公布施行。该《办法》共二十七条。

（3）《计算机信息网络国际联网安全保护管理办法》由中华人民共和国国务院于1997年12月11日批准，公安部于1997年12月16日公安部令第33号发布，于1997年12月30日实施，于2011年1月8日根据《国务院关于废止和修改部分行政法规的决定》修订。

（4）《中华人民共和国计算机信息系统安全保护条例》于 1994 年 2 月 18 日中华人民共和国国务院令第 147 号发布，于 2011 年 1 月 8 日根据《国务院关于废止和修改部分行政法规的决定》修订。

（5）《计算机信息系统国际联网保密管理规定》于 1999 年 12 月 27 日国家保密局国保发〔1999〕10 号印发，自 2000 年 1 月 1 日起施行。

（二）自觉规范各种上网行为

文明上网、健康上网、依法上网，建立健全网络行为规范，营造一个文明、安全、绿色的网络环境，培育符合社会主义核心价值观的网络伦理和规范，需要全社会广大网民共同努力。

1. 依法上网，促进清新网络建设

互联网不是法外之地。要自觉遵守国家有关互联网的法律法规和政策，坚持依法上网、文明上网。不在短视频、直播、微信、微博、QQ 等社交媒体平台上发布和传播违反国家法律、影响国家安全、破坏社会稳定、破坏民族团结和宗教信仰的新闻或信息，共同营造清朗的网络空间。

2. 文明上网，加强网络道德观念

养成良好的上网习惯，提高自身文明修养，不信谣、不传谣，不发布或转发可能对社会或他人造成危害的未经证实的信息；坚决抵制有害的文字、图像、音像资料和各种危害身心健康的淫秽、低俗信息；杜绝网暴行为，积极倡导社会主义核心价值观，提高网络道德素养，文明上网，自觉抵制网络低俗风气，积极树立文明新风，努力成为文明网民。

3. 安全上网，抵制网络有害信息

掌握必要的防护技能，自觉丰富自身网络安全知识，不随意打开未知网站，不轻易在网上泄露个人隐私和重要身份信息，尽量不使用公共计算机处理重要数据，谨防因信息泄露造成不必要的损失。善于思考和分析，认真辨别信息真实性，及时投诉或报告可疑情况，自觉维护网络安全，努力做维护网络安全的践行者。

4. 自律上网，维护网络健康环境

坚持健康合理使用互联网，自律上网。及时删除散布谣言、侵犯隐私、侮辱他人的信息，不跟风炒作。积极抵制和举报各种网络不文明行为，积极维护国家、社会和个人的合法权益，努力营造健康向上的网络环境。

5. 科学上网，规范上网言行举止

要实现文明上网，除了要注意保护自己，还要拒绝不良上网行为，避免给他人带来负面影响。不传播虚假信息，不浏览不良网站，不窥探他人隐私，不发表不文明言论，不参与敏感话题，不传播垃圾邮件，不使用盗版软件，不沉迷网络游戏，不窃取他人成果，不参与网络赌博。

二、合理使用数字产品与服务

遵循正当必要、知情同意、目的明确、安全保障的原则使用数字产品和服务，尊重知识产权，关注学生身心健康。

（一）合理使用数字产品与服务应遵循原则

1．正当必要原则

确保在教学中使用数字产品和服务是合法、合理和必要的。

2．知情同意原则

在使用数字产品和服务之前，教师应向学生和家长提供足够的信息，并获得他们的明确同意。他们应了解所使用的产品和服务的功能、目的以及可能涉及的个人信息和数据使用情况。

3．目的明确原则

教师应明确使用数字产品和服务的教学目的，并确保所选择的产品和服务与教学目标相符合，避免滥用或不当使用数字产品和服务。

4．安全保障原则

教师应确保所使用的数字产品和服务符合相关的安全标准和规定，保障学生的个人隐私和数据安全。选择可信赖的产品和服务提供商，并了解其安全措施和数据保护政策。

5．尊重知识产权

教师在使用数字产品和服务时，应尊重他人的知识产权，遵守相关的版权和许可规定。避免侵犯他人的知识产权，合法使用教学资源和学习材料。

6．关注学生身心健康

教师应审慎选择数字产品和服务，确保其对学生的身心健康没有负面影响。避免过度使用或依赖数字产品和服务，保持教学的多样性和平衡性。

教师遵循上述原则，目的是更好地保护学生的权益，确保数字产品和服务的合理使用，促进学生的全面发展和健康成长。

（二）数字产品与服务使用建议

（1）研究和评估数字产品与服务。了解不同的数字产品和服务，包括在线课程、教学应用程序、学习管理系统等，并评估它们与自己教学目标的匹配程度。

（2）选择适合的数字产品与服务。根据教学需求和学生群体的特点选择合适的数字产品和服务。要考虑产品的功能、易用性、安全性和可靠性等因素，使用数字产品和服务来创造丰富、互动性强和个性化的学习体验。例如，使用在线教学平台进行作业提交和评估，使用教学应用程序进行知识点讲解和练习，利用虚拟实验室进行科学实践等。

（3）个性化学习支持。利用数字产品和服务提供个性化学习支持。通过在线测评、学习分析和数据跟踪等功能，了解学生的学习进展和困难，并有针对性地提供教学辅助和反馈。

（4）鼓励合作和互动。使用数字产品和服务来促进学生之间的合作和互动。例如，利用协作工具和在线讨论平台，鼓励学生分享观点、互相讨论和合作完成任务。

（5）教学资源管理。利用数字产品和服务来管理教学资源。例如，使用云存储和共享平台管理课程资料、教学素材和作业。

（6）遵循隐私和安全原则。在使用数字产品和服务时，要关注学生的隐私和数据安全。选择可信赖的产品和服务提供商，遵守相关的隐私政策和法规。

（7）教学创新与实践。将数字产品和服务作为教学创新和实践的工具。尝试新的教学方法和策略，探索数字产品和服务在不同学科和教学环境中的应用。

总之，教师可以灵活运用数字产品和服务，结合自身教学目标和学生需求，创造更具吸引力和有效果的教学体验。

三、维护积极健康的网络环境

遵守网络传播秩序，利用网络传播正能量。在中国互联网蓬勃发展的同时，我们也应该意识到，网络安全问题日益突出，对互联网的健康发展提出了越来越严峻的挑战。网络不安全因素正从单一型向混合型发展，网络安全事件的影响和破坏力不断扩大。如果不采取积极有效的措施，必将影响我国信息化建设的进一步深化，威胁我国信息安全和经济社会的健康发展。我们必须对此高度重视，采取切实有效措施，认真落实网络安全各项工作，促进互联网健康发展。

（1）要充分认识构建和谐网络对信息技术发展的重要性。在当今时代，信息技术的发展对经济、政治、社会、技术、文化、教育等方面产生了越来越深刻的影响，也对网络安全提出了新的要求。信息化发展得越快，其对经济社会发展的影响就越大，对网络安全的要求也就越高。我们必须站在深入贯彻落实科学发展观、构建和谐社会的高度，进一步增强对网络安全工作重要性的认识，切实增强责任感、使命感、紧迫感，坚持一手抓发展、一手抓管理。一方面，要加快网络信息技术的进步和创新，加强信息技术在社会各行业、各部门、各领域的推广应用，深入推进信息化进程；另一方面，要努力构建技术先进、管理高效、安全可靠的网络信息安全体系，推进和谐网络建设，努力实现主动发展、有效管理，促进信息技术建设与网络安全同步推进发展。

（2）不断提高网络安全应急能力。网络黑客病毒攻击造成的危害传播迅速，破坏力强，影响范围广。推进和谐网络建设，必须采取切实有效的措施，不断提高网络安全应急处置能力，有效防范和应对各类网络安全问题。要进一步加强网络安全技术平台建设，实现对网络安全运行的全面监控，提高网络安全事件异常检测和数据分析能力，确保骨干通信网络和重要信息系统的安全可靠。要完善网络安全应急预案，加强预案演练，增强针对性和有效性，不断提高应急响应和协调能力，确保网络安全突发事件发生时准确判断、快速响应、有效应对，尽可能避免或减少网络安全突发事件对经济社会发展的影响和损害。

（3）积极推动社会各界共建共享。共建共享是构建和谐社会的重要理念，也是构建和谐网络必须坚持的重要原则。网络安全工作是一项跨部门、跨行业的系统工程，涉及政府部门、行业组织、企业、应用部门、科研机构等多个方面。在共建中促进和谐网络共享，在共享中促进共建，需要全社会的共同参与和努力。我们要加强有关方面的协作配合，建立健全灵活应变的网络应急协调机制，完善工作流程，充分发挥各方作用和积极性，形成协同工作合力。政府部门要加强政策法规的研究制定，依法规范网络行为，为互联网健康发展创造良好的法治环境。要继续深化阳光绿色网络工程，加大工作强度，丰富工作内容，不断推进网络文明运行和文明上网工作取得新成效。要发挥基础运营商、增值服务商、重要信息系统部门的主体作用，确保网络安全保护各项制度措施落到实处；我们还需要充分发挥中国互联网协会的作用，进一步促进行业自律。

（4）加强队伍建设和基础技术研究。互联网属于高科技领域，不断加强能力建设是切实提高网络安全工作水平的关键。要牢固树立人才是第一资源的观念，加快网络信息安全人才培养和队伍建设步伐，建立健全合理的选人用人机制、高效的人才培养机制和广泛的人才交流机制，发挥科研院所和高校的优势，积极支持网络安全学科和培训机构建设，努力培养一支管理能力强、专业水平高的队伍。一支技术素质优秀的复合型人才队伍为加强网络安全管理提供了坚实的人才保障和智力支撑。我们要密切跟踪网络信息安全领域新技术和新应用的发展趋势，加强相关技术特别是关键核心技术的研究，重点开展 IPv6 网络架构下的网络安全问题研究，推动网络信息安全产业发展，有效应对网络安全面临的各种挑战。

（5）进一步加强国际交流与合作。互联网是"全球网络"，有害信息的扩散、网络安全事件、跨境网络犯罪和其他网络安全问题是全球性问题。我们必须继续立足中国国情，遵循政府领导、多方参与、民主决策、透明高效的互联网管理原则，加大工作力度，在不断增强网络安全事件处置和应急协调能力的基础上，进一步加强网络安全领域的国际交流与合作，拓宽合作渠道，完善合作机制，丰富合作内容，增强合作实效。我们将与世界各国一道，维护和创造良好的网络环境，促进信息社会的健康发展。

第二节　数字安全保护

教师在数字化活动中应具备数据安全保护和网络安全防护的能力，包括保护个人信息和隐私、维护工作数据安全以及注重网络安全防护。

数字安全保护在数字产品和服务的使用中非常重要。以下是保护数字安全的一些关键措施和建议：

（1）强密码和多因素身份验证。确保使用强密码来保护教师和学生的账户和个人信息。密码应包含字母、数字和特殊字符，并定期更改密码。同时，启用多因素身份验证可以提供额外的安全保障，确保只有授权人员能够访问账户。

（2）更新和维护软件。确保所使用的软件、应用程序和操作系统都是最新版本，并及时安装安全补丁和更新。及时更新可以修复已知的安全漏洞，提高系统的安全性。

（3）防病毒和防恶意软件。使用可信赖的防病毒和防恶意软件保护设备和系统，免受恶意软件的攻击。定期进行病毒扫描和系统检查，确保系统的安全性。

（4）谨慎点击链接和附件。教师和学生应谨慎点击来自未知来源或可疑的链接和附件。恶意链接和附件可能包含病毒或恶意软件，导致安全风险。

（5）数据备份和恢复。定期备份重要的教学和学生数据，并存储在安全的位置。这样，即使发生数据丢失或系统故障，也可以快速恢复数据。

（6）共享和存储的安全。教师和学生在使用共享平台和云存储时，应选择安全可靠的服务提供商，并确保数据的访问权限受到适当的控制和保护。使用加密和访问控制来保护共享的教学资源和学生数据。

（7）加强教育和增强意识。加强对教师和学生的数字安全教育，提高他们的安全防范意识。教师应提供关于网络安全、隐私保护和恶意软件防范的培训和指导。学生也需要了解如何保护个人信息和处理网络安全问题。

（8）网络使用策略和行为规范。制定明确的网络使用策略和行为规范，确保教师和学生了解其在使用数字产品和服务时的责任和义务。鼓励遵守网络安全和数据保护的最佳实践。

通过采取这些安全措施和实践，教师和学生可以更好地保护个人信息和数据安全，降低数字风险。

一、保护个人信息和隐私

在数字环境下，保护个人信息的隐私数据至关重要。以下是一些管理和保护个人信息和隐私数据的建议：

（1）了解隐私政策。在使用任何数字产品或服务之前，仔细阅读相关的隐私政策。了解该产品或服务如何收集、使用和共享个人信息，以及它们采取的安全措施。

（2）仅提供必要信息。只提供必要的个人信息，避免无关或敏感信息的披露。在填写表格、注册账户或参与调查时，仔细考虑所需信息的范围。

（3）强密码和账户安全。创建强密码，并确保为每个在线账户设置唯一的密码。启用两步验证（例如手机短信验证码、应用程序生成的验证码）以增加账户的安全性。

（4）注意公共 Wi-Fi 网络。在使用公共 Wi-Fi 网络时要谨慎，避免在未加密的网络上传输敏感信息。使用虚拟专用网络（VPN）来加密互联网连接，增加安全性。

（5）下载最新版本，并及时安装安全补丁和更新。这可以修复已知的漏洞，提高系统的安全性。

（6）谨慎点击链接和附件。避免点击未知来源或可疑的链接和附件，因为它们可能包含恶意软件或欺诈性内容。

（7）数据备份。定期备份重要数据，并将其存储在安全的位置，以防止数据丢失或损坏。云存储服务可以提供方便的备份解决方案。

（8）加密和安全传输。在发送敏感信息时，使用加密通信工具和安全协议，例如 HTTPS，确保数据在传输过程中受到保护。

（9）健康数字习惯。培养健康的数字习惯，包括不随意点击不可信的链接、不透露个人信息给陌生人，以及定期清理不再需要的个人信息。

二、维护工作数据安全

在工作中对学生和家长的数据进行收集、存储、使用和传播时注重数据安全维护是非常重要的。可以通过以下途径来维护数据安全：

（1）合法和透明。确保数据处理行为符合适用的法律法规，并在数据收集之前向相关方提供清晰的信息和目的。遵循隐私政策并尊重数据主体的权利。

（2）仅收集必要信息。只收集和存储与工作职责和目的相关的必要信息，避免收集过多或不必要的个人数据。

（3）安全存储和访问控制。确保采取适当的安全措施来保护存储的数据，包括使用安全的服务器和数据库、加密存储和传输数据，并实施访问控制措施。

（4）数据最小化和匿名化。最小化个人数据的使用和处理，并在可能的情况下对数据进行匿名化处理，以减少数据泄露和风险。

（5）安全数据传输。在传输数据时，确保使用安全的通信协议和加密技术，例如 HTTPS，以保护数据的机密性和完整性。

（6）严格的权限管理。仅将数据访问权限授予必要的工作人员，并定期审查和更新权限，以确保仅有授权人员能够访问和处理数据。

（7）数据备份与恢复。定期备份数据，并建立可靠的备份和恢复机制，以防止数据丢失或损坏。

（8）安全事件响应计划。制订和实施安全事件响应计划，以应对潜在的数据安全漏洞或违规行为。这包括及时发现、报告、调查和修复安全事件。

三、注重网络安全防护

确保网络安全防护是非常重要的，在面对网络风险行为时尤为如此。以下是一些辨别、防范和处置网络谣言、网络暴力、电信诈骗及信息窃取行为的方法：

（1）辨别网络谣言。在阅读、分享或信任信息之前，要对信息进行验证和审查，查找可靠的消息来源，避免盲目相信和传播未经证实的消息。

（2）防范网络谣言。避免在社交媒体和其他在线平台上散播未经证实的信息。在分享信息时，要负责任地检查和确认其准确性，并引用可靠的来源。

（3）处置网络谣言。如果发现自己或他人受网络谣言的影响，应及时提供准确的信息进行澄清，并教育他人辨别真实与虚假的信息。

（4）预防网络暴力。建立积极的网络文化，尊重他人的意见和观点。避免参与或支持网络欺凌、辱骂、威胁或人肉搜索等行为。如果遭遇网络暴力，要及时报告相关平台或寻求帮助。

（5）保护个人信息。谨慎地分享个人信息，特别是敏感信息。避免在不可信的网站或链接上输入个人信息。使用强密码，并定期更改密码。注意可疑的电子邮件、短信和电话，以防止个人信息的窃取。

（6）防范电信诈骗。保持警惕，不随意泄露个人信息，特别是银行账户和身份证件信息。谨慎对待陌生人的电话、短信或电子邮件，避免受骗。如果收到可疑信息或电话，要核实其真实性，并报告相关机构。

（7）使用安全软件和防火墙。安装可信赖的安全软件和防火墙，可以检测和阻止恶意软件、网络攻击和病毒。定期更新软件和病毒库，以保持最新的安全防护。

（8）加强教育与增强意识。加强对网络风险的教育，提高安全防范意识，教授学生和家长如何辨别和应对网络风险行为。组织安全培训和讲座，提供实用的防范策略和信息保护技巧。

第三节　教师专业发展

教师专业发展是指教师利用数字技术资源促进自身及共同体专业发展的能力，包括数字化学习与研修，以及数字化教学研究与创新。

一、数字化学习与研修

教师利用数字技术资源进行教育教学知识技能学习与分享、教学实践反思与改进的能力，包括利用数字技术资源持续学习，利用数字技术资源支持反思与改进，以及参与或主持网络研修。

（一）利用数字技术资源持续学习

教师可以通过以下方法实现数字技术资源的持续学习：

（1）探索在线课程。利用在线教育平台，搜索与教育技术和数字化教学相关的课程。这些平台提供了丰富的在线课程，从基础知识到高级技巧，涵盖了各种主题和技能。

（2）参与网络研讨会。关注教育技术领域的网络研讨会，并积极参与其中。这些活动提供了与专家交流、分享经验和学习最新趋势的机会。通过参与讨论和互动，教师可以获取有关数字技术应用和最佳实践的宝贵见解。

（3）加入专业社区和论坛。加入教育技术和数字化教学领域的专业社区和论坛，例如教师专业组织的在线社区、教育技术博客和教育专业社交媒体群组。这些平台提供了与其他教师和专家交流、分享资源和解决问题的机会。

（4）阅读教育技术资源。定期阅读教育技术领域的书籍、期刊、研究报告和博客等资源。这些资源提供了关于教育技术趋势、研究成果和实践案例的深入讲解。教师可以选择与自己教学领域相关的资源，并持续更新自己的知识。

（5）创造性实践与尝试。利用数字技术资源尝试新的教学方法和工具，并将其应用于教学实践中。教师可以通过试验和反思，了解哪些方法和工具适合自己的教学风格和学生的需求，并不断改进和调整。

（6）合作与分享。与其他教师和教育从业者建立合作关系，分享经验、资源和教学创意。可以参与教研活动、跨学校合作项目或在线协作平台，与其他教师一起探索数字技术的应用和教学创新。

（7）反思与评估。定期反思自己的教学实践，并评估数字技术在学生学习中的效果。教师可以利用数据分析工具和学生反馈，了解自己的教学成效和改进的方向。

（二）利用数字技术资源支持反思与改进

教师可以利用数字技术资源支持反思与改进教学实践，以下是常用方法：

（1）进行视频记录。使用录像设备或教学平台的录像功能，录制自己的课堂教学过程。然后，回放录像以仔细观察自己的教学方式、学生的反应和课堂氛围。这有助于教师更客观地评估自己的教学效果，并发现待改进的空间。

（2）收集学生反馈。利用在线调查工具或学习管理系统的反馈功能，向学生收集匿名的反馈和意见。学生可以提供关于课程内容、教学方法和学习体验的反馈。教师可以分析学生反馈，了解学生的需求和反应，并据此调整教学策略。

（3）利用数据分析工具。利用数据分析工具，如学习管理系统提供的学生数据分析功能或在线测验平台的报告功能，分析学生的学习表现和进步情况。通过数据分析，教师可以发现学生的学习难点和需求，有针对性地进行教学调整。

（4）创建教学日志和博客。通过创建教学日志或教学博客，教师可以记录自己的教学经验、观察和反思。这可以是文字形式的记录，也可以包括图片、视频和学生作品等多媒体元素。教师可以在博客上分享自己的反思和改进，与其他教师进行交流和互动。

（5）参与专业发展平台和课程。参与在线专业发展平台和课程，如教育专业组织提供的在线研讨会、工作坊和课程。这些平台提供了专家指导和与同行交流的机会，教师可以通过学习和参与讨论，提升自己的教学技能和反思能力。

通过利用数字技术资源支持反思与改进，教师可以不断提升自己的教学效果，创新教学方法，并更好地满足学生的学习需要。

（三）参与或主持网络研修

参与或主持网络研修是教师专业发展的重要途径之一，以下是一些参与或主持网络研修的建议：

（1）寻找适合的研修机会。了解各种在线研修平台、专业组织或教育机构提供的网络研修活动。关注与自己专业领域或教学兴趣相关的主题，选择适合自己需求的研修课程或活动。

（2）设定学习目标。在参与网络研修之前，明确自己的学习目标。确定自己希望通过研修获得的知识、技能或专业成长方面的需求，以便更有针对性地选择合适的研修内容。

（3）积极参与互动。在网络研修过程中，积极参与讨论和互动。与其他学员、教师或专家进行交流和分享经验，提出问题并寻求答案，从中获得新的思路和观点。

（4）分享自己的经验与实践。如果有机会，可以申请主持一场网络研修活动，分享自己在教学实践中的经验和创新。这可以是一个演讲、工作坊或小组讨论，通过分享和交流，共同促进专业发展。

（5）深入探究研究领域。在网络研修过程中，可以选择深入探究自己感兴趣的研究领域。通过阅读相关文献、参与研讨会或小组讨论，拓宽自己的知识视野，并与其他研究者进行交流和合作。

（6）反思和应用学习成果。在网络研修结束后，进行反思和总结。审视自己在研修中学到的知识和技能，思考如何将其应用于自己的教学实践中。尝试新的教学方法和策略，并评估其对学生学习效果的影响。

（7）建立学习网络。通过网络研修认识到的教师和专家可以成为自己的学习网络，保持联系，并在需要时互相支持和合作，共同推动教育领域的创新和发展。

总之，参与或主持网络研修需要教师保持积极主动的学习态度，与他人进行合作和互动，不断反思和改进自己的教学实践，并将所学知识应用于实践中，从而促进个人的专业发展。

做好网络研修学习需注意以下几点：

（1）目标明确。在参与网络研修之前，明确自己的学习目标和期望。确定自己希望从研修中获得的知识、技能或资源，以便更有针对性地选择适合自己的研修课程或活动。

（2）研修选择。仔细评估网络研修的质量和适用性。查看课程或研修活动的介绍、教师或专家的背景和评价，确保选择具有良好口碑和实用性的研修。

（3）制订学习计划。根据研修的时间安排和内容，制订学习计划。安排适当的时间进行学习，并根据需要分解学习任务，确保学习进度和效果。

（4）积极参与。在研修过程中积极参与，包括观看课程视频、完成学习任务、参与讨论和互动等。与其他学员、教师或专家的交流可以拓宽视野、分享经验，并加深对所学知识的理解。

（5）自主学习。除了完成研修任务外，教师还应该有自主学习的意识，主动寻找相关资源，扩展学习内容，深入探究相关主题，以提高自己的专业水平。

（6）实践应用。将所学知识和技能应用于实际教学中。教师可以设计课程、制定教学策略或开展教学实验，将研修中的理念和方法转化为实际行动，并不断反思和改进。

（7）反馈和评估。及时反馈和评估自己的学习效果。参考教师或专家的评价，与同事或合作伙伴分享学习成果，并进行自我评估，以确定自己在研修学习中的收获和进步。

（8）持续学习。网络研修只是教师专业发展的一部分，教师应保持持续学习的心态，不断关注新的网络研修机会，跟进教育领域的最新趋势和技术应用，不断提升自己的教学能力和专业素养。

总之，教师在网络研修学习中要保持积极主动的态度，设定明确的学习目标，灵活安排学习计划，并将所学知识和技能应用于实际教学中，以实现个人专业发展的目标。

二、数字化教学研究与创新

教师围绕数字化教学相关问题开展教学研究，以及利用数字技术资源实现教学创新的能力，包括开展数字化教学研究，以及创新教学模式与学习方式。

（一）开展数字化教学研究

教师围绕数字化教学相关问题进行教学研究，并利用数字技术资源实现教学创新是推动教育发展的重要方向之一。以下是部分教师在数字化教学研究和创新方面可参考的方法：

（1）开展数字化教学研究。教师可以选择一个特定的数字化教学问题或主题进行研究，例如探索如何有效地利用教育科技工具、评估数字化教学的效果、设计个性化的数字化学习环境等。通过系统性的研究，教师可以深入理解数字化教学的原理和方法，并为教学实践提供科学依据。

（2）利用数字技术资源进行创新教学。教师可以运用数字技术资源创新教学模式和学习方式，例如设计基于在线平台的协作学习活动、利用虚拟现实技术进行沉浸式学习、使用数据分析工具进行个性化教学等。通过创新教学方法和工具，教师可以提供更具吸引力和有效性的学习体验，激发学生的学习兴趣和主动性。

（3）教学实践反思与改进。教师应不断反思和评估自己的教学实践，并积极利用数字技术资源。通过分析学生的学习数据、观察学生的参与情况、收集学生的反馈等，教师可以了解教学效果，发现问题，并采取相应的改进措施。数字化工具和平台可以提供丰富的数据和分析功能，帮助教师更好地理解学生的学习需求和进展，优化教学策略和课程设计。

（4）参与教育科技社区与合作。教师可以积极参与教育科技社区，与其他教师、专家和研究者进行交流和合作。在这些社区中，教师可以分享自己的研究成果和教学实践，了解其他人的经验和创新，获得反馈和建议，共同推动数字化教学的研究和应用。

（5）持续学习和专业发展。数字化教学领域不断发展和演变，教师应保持持续学习的态度，并关注最新的研究成果和技术趋势。参加相关的培训、研讨会和网络研修，阅读专业书籍和期刊，与同行进行交流和分享，不断提升自己在数字化教学研究和创新方面的能力。

通过开展数字化教学研究和创新，教师能够深入理解数字化教学的理论和实践，不断改进自己的教学方法和策略，提升学生的学习效果和体验，为教育的发展作出积极的贡献。

（二）创新教学模式与学习方式

创新教学模式和学习方式是利用数字技术资源推动教育变革和提高学习效果的重要手段。以下是一些常见的创新教学模式和学习方式：

（1）混合式教学。混合式教学结合了传统面授教学和在线学习的元素。教师可以利用数字技术资源创建在线教学内容、讨论论坛、协作工具等，让学生在课堂外进行预习、复习和讨论，而在课堂上则更加注重互动和实践。这种模式可以提高学生的参与度和自主学习能力。

（2）个性化学习。个性化学习注重根据每个学生的需求和学习风格来定制教学内容和活动。利用数字技术资源，教师可以根据学生的兴趣、学习习惯和能力水平，提供个性化的学习路径、资源和反馈。这有助于激发学生的学习动力和自主学习能力。

（3）沉浸式学习。沉浸式学习利用虚拟现实和增强现实等技术，使学生置身于虚拟的学习环境中。通过模拟真实场景、情境和体验，学生可以更深入地参与学习，增强理解和记忆，培养实践能力和解决问题的能力。

（4）协作学习。协作学习利用数字技术资源的协作工具和平台，促进学生之间的合作和互动。学生可以在虚拟空间中共同完成任务、讨论问题、分享资源和解决挑战。这种学习方式培养了学生的团队合作能力、沟通能力和解决问题的能力。

（5）游戏化学习。游戏化学习将游戏元素和机制引入教学中，激发学生的兴趣和动力。通过数字技术资源创建教育游戏、竞赛和挑战，教师可以提供具有挑战性和互动性的学习体验，激发学生的学习动力和创造力。

（6）自主学习。自主学习注重培养学生的自主学习能力和自我管理能力。教师可以通过提供学习资源、指导学习策略和给予反馈，引导学生自主进行学习。数字技术资源可以提供在线学习平台、学习管理工具和个性化学习计划，支持学生的自主学习过程。

教师可以根据自身的教学目标和学生的需求，选择适合的创新教学模式和学习方式，并灵活运用数字技术资源，以提升教学效果和学生的学习体验。

结　语

5G、"互联网＋"、人工智能和大数据正在改变着世界，教育领域也不例外。教育的概念、环境、生态、方式和师生关系等都正在或即将发生深刻的变革。

随着"互联网＋"教育的发展，互联网去中心化、分散化、平等性、交互性和共享开放等特征正深刻地影响并颠覆着传统教育教学的理念、思维和方法，特别是在移动互联网时代所构建的学习生态圈中，对创造性和智慧性的要求越来越高，教育在互联网技术的作用下变得越来越多样化和终身化，学习越来越个性化和泛在化。

在2019年的人工智能与教育大数据峰会上，教育部科学技术与信息化司前司长雷朝滋指出，智能时代的教育将更加注重培养学生的创新能力和合作精神，实现更加多元、更加精准的智能导学与过程化评价，促进人的个性化和可持续发展。

教师的角色必然要围绕学生创新能力的培养进行重塑，在教育变革中承担更重要的使命，由知识的二传手转变为培养质疑和创新精神的引路人，成为推动教育变革的关键力量，成为互联网教育中不可或缺的重要构成主体，并发挥越来越重要的作用。

最后，引用陶行知先生的话作结尾："我们做老师的人，必须天天学习，天天进行再教育，才能有教学之乐而无教学之苦。"

参考文献

［1］中华人民共和国教育部. 教育部关于印发《教育信息化"十三五"规划》的通知［EB/OL］.（2016－06－07）［2023－12－07］. http：//www. moe. gov. cn/srcsite/A16/s3342/201606/t20160622_ 269367. html.

［2］蒋西明. 计算机多媒体技术关键性技术研究［J］. 数码设计（下），2019（2）：14－15.

［3］许子明，田杨锋. 云计算的发展历史及其应用［J］. 信息记录材料，2018，19（8）：66－67.

［4］罗晓慧. 浅谈云计算的发展［J］. 电子世界，2019（8）：104.

［5］吴少鸿，李文浩. 虚拟现实技术专利分析［J］. 中国科技信息，2022（20）：15－18.